# Délices d'Asie

## Un Voyage Gourmand à Travers le Continent

Mei Lin

# Indice

*introduction* .......................................................................... *10*
   *ormeau mariné* ................................................................ *11*
   *pousses de bambou bouillies* ........................................ *12*
   *Poulet aux concombres* .................................................. *13*
   *poulet au sésame* ............................................................ *14*
   *Litchi au gingembre* ...................................................... *15*
   *Ailes de poulet bouillies rouges* .................................... *16*
   *chair de crabe au concombre* ........................................ *17*
   *champignons marinés* .................................................... *18*
   *Champignons à l'ail mariné* .......................................... *19*
   *Crevettes et chou-fleur* ................................................... *20*
   *Bâtonnets de jambon aux graines de sésame* ............... *21*
   *tofu froid* ......................................................................... *22*
   *Poulet au bacon* .............................................................. *23*
   *Frites au poulet et bananes* ............................................ *24*
   *Poulet au gingembre et champignons* .......................... *25*
   *poulet et jambon* ............................................................. *27*
   *Foie de poulet grillé* ....................................................... *28*
   *Boulettes de crabe aux châtaignes d'eau* ..................... *29*
   *Dim-Sum* .......................................................................... *30*
   *Rouleaux de poulet et jambon* ....................................... *31*
   *Pousses de jambon rôties* ............................................... *32*
   *poisson pseudo-fumé* ..................................................... *33*
   *Champignons farcis* ....................................................... *35*
   *Champignons à la sauce d'huîtres* ................................ *36*
   *Rouleau de porc et salade* ............................................. *37*
   *Boulettes de porc et châtaignes* .................................... *39*
   *Dumplings au porc* ......................................................... *40*
   *Rôti de porc et de bœuf* ................................................. *42*
   *Crevette papillon* ............................................................ *43*
   *Crevettes chinoises* ........................................................ *44*
   *Biscuits aux crevettes* ..................................................... *45*

| | |
|---|---|
| crevettes croustillantes | 46 |
| Crevettes sauce gingembre | 47 |
| Rouleaux de pâtes et crevettes | 48 |
| Toasts aux crevettes | 50 |
| Wontons de porc et de crabe avec sauce aigre-douce | 51 |
| Soupe au poulet | 53 |
| Soupe au porc et aux germes de soja | 54 |
| Soupe d'ormeaux et de champignons | 55 |
| Soupe au poulet et asperges | 57 |
| Soupe de boeuf | 58 |
| Soupe chinoise au bœuf et aux feuilles | 59 |
| Soupe aux choux | 60 |
| Soupe de boeuf épicée | 61 |
| soupe céleste | 63 |
| Soupe au poulet et pousses de bambou | 64 |
| Soupe au poulet et au maïs | 65 |
| Soupe de poulet au gingembre | 66 |
| Soupe chinoise au poulet et aux champignons | 67 |
| Soupe au poulet et riz | 68 |
| Soupe au poulet et à la noix de coco | 69 |
| Soupe aux palourdes | 70 |
| Soupe aux œufs | 72 |
| Bâtonnets de crabe et palourdes | 73 |
| soupe de crabe | 75 |
| Soupe de poisson | 76 |
| Soupe de poisson et salade | 77 |
| Soupe de boulettes au gingembre | 79 |
| soupe aigre-piquante | 80 |
| Soupe aux champignons | 81 |
| Soupe aux champignons et aux choux | 82 |
| Soupe aux œufs et aux champignons | 83 |
| Soupe de marrons aux champignons et eau | 84 |
| Soupe de porc et champignons | 85 |
| Soupe de porc et cresson | 86 |
| soupe de porc et concombre | 87 |
| Soupe aux boulettes de porc et nouilles | 88 |

| | |
|---|---|
| Soupe aux épinards et au tofu | 89 |
| Soupe de maïs sucré et crabe | 90 |
| Soupe du Sichuan | 91 |
| soupe au tofu | 93 |
| Soupe de tofu et poisson | 94 |
| Soupe à la tomate | 95 |
| Soupe de tomates et épinards | 96 |
| soupe de navet | 97 |
| Potage | 98 |
| soupe végétarienne | 99 |
| soupe au raifort | 100 |
| Poisson frit aux légumes | 101 |
| Poisson frit entier | 103 |
| graines de soja cuites à la vapeur dessus | 105 |
| Poisson de soja à la sauce d'huîtres | 106 |
| sous la vapeur | 108 |
| Poisson vapeur aux champignons | 109 |
| Poisson aigre-doux | 111 |
| Poisson farci au porc | 113 |
| carpe épicée cuite à la vapeur | 115 |
| ormeau mariné | 117 |
| pousses de bambou bouillies | 118 |
| Poulet aux concombres | 119 |
| poulet au sésame | 120 |
| Litchi au gingembre | 121 |
| Ailes de poulet bouillies rouges | 122 |
| chair de crabe au concombre | 123 |
| champignons marinés | 124 |
| Champignons à l'ail mariné | 125 |
| Crevettes et chou-fleur | 126 |
| Bâtonnets de jambon aux graines de sésame | 127 |
| tofu froid | 128 |
| Poulet au bacon | 129 |
| Frites au poulet et bananes | 131 |
| Poulet au gingembre et champignons | 132 |
| poulet et jambon | 134 |

*Foie de poulet grillé* ............................................................ *135*
*Boulettes de crabe aux châtaignes d'eau* ........................... *136*
*Dim-Sum* ............................................................................... *137*
*Rouleaux de poulet et jambon* ............................................ *138*
*Pousses de jambon rôties* .................................................... *140*
*poisson pseudo-fumé* ........................................................... *141*
*Champignons farcis* ............................................................. *143*
*Champignons à la sauce d'huîtres* ..................................... *144*
*Rouleau de porc et salade* ................................................... *145*
*Boulettes de porc et châtaignes* .......................................... *147*
*Dumplings au porc* ............................................................... *148*
*Rôti de porc et de bœuf* ....................................................... *149*
*Crevette papillon* .................................................................. *150*
*Crevettes chinoises* .............................................................. *151*
*Biscuits aux crevettes* .......................................................... *152*
*crevettes croustillantes* ........................................................ *153*
*Crevettes sauce gingembre* ................................................. *154*
*Rouleaux de pâtes et crevettes* ........................................... *155*
*Toasts aux crevettes* ............................................................ *157*
*Wontons de porc et de crabe avec sauce aigre-douce* ...... *158*
*Soupe au poulet* .................................................................... *160*
*Soupe au porc et aux germes de soja* ................................. *161*
*Soupe d'ormeaux et de champignons* ................................. *162*
*Soupe au poulet et asperges* ................................................ *164*
*Soupe de boeuf* ..................................................................... *165*
*Soupe chinoise au bœuf et aux feuilles* ............................. *166*
*Soupe aux choux* .................................................................. *167*
*Soupe de boeuf épicée* ......................................................... *168*
*soupe céleste* ......................................................................... *170*
*Soupe au poulet et pousses de bambou* ............................. *171*
*Soupe au poulet et au maïs* ................................................ *172*
*Soupe de poulet au gingembre* ........................................... *173*
*Soupe chinoise au poulet et aux champignons* ................. *174*
*Soupe au poulet et riz* ......................................................... *175*
*Soupe au poulet et à la noix de coco* ................................. *176*
*Soupe aux palourdes* ............................................................ *177*

| | |
|---|---:|
| Soupe aux œufs | 179 |
| Bâtonnets de crabe et palourdes | 180 |
| soupe de crabe | 182 |
| Soupe de poisson | 183 |
| Soupe de poisson et salade | 184 |
| Soupe de boulettes au gingembre | 186 |
| soupe aigre-piquante | 187 |
| Soupe aux champignons | 188 |
| Soupe aux champignons et aux choux | 189 |
| Soupe aux œufs et aux champignons | 190 |
| Soupe de marrons aux champignons et eau | 191 |
| Soupe de porc et champignons | 192 |
| Soupe de porc et cresson | 193 |
| soupe de porc et concombre | 194 |
| Soupe aux boulettes de porc et nouilles | 195 |
| Soupe aux épinards et au tofu | 196 |
| Soupe de maïs sucré et crabe | 197 |
| Soupe du Sichuan | 198 |
| soupe au tofu | 200 |
| Soupe de tofu et poisson | 201 |
| Soupe à la tomate | 202 |
| Soupe de tomates et épinards | 203 |
| soupe de navet | 204 |
| Potage | 205 |
| soupe végétarienne | 206 |
| soupe au raifort | 207 |
| Poisson frit aux légumes | 208 |
| Poisson frit entier | 210 |
| graines de soja cuites à la vapeur dessus | 211 |
| Poisson de soja à la sauce d'huîtres | 213 |
| sous la vapeur | 215 |
| Poisson vapeur aux champignons | 216 |
| Poisson aigre-doux | 218 |
| Poisson farci au porc | 220 |
| carpe épicée cuite à la vapeur | 222 |

## introduction

Tous ceux qui aiment cuisiner aiment expérimenter de nouveaux plats et de nouveaux goûts. La cuisine chinoise est devenue extrêmement populaire ces dernières années car elle offre une variété de saveurs. La plupart des plats sont préparés sur la cuisinière et beaucoup sont rapides à préparer, ce qui les rend idéaux pour les cuisiniers occupés qui cherchent à créer des repas délicieux et attrayants lorsque le temps presse. Si vous aimez vraiment la cuisine chinoise, vous possédez probablement déjà un wok, et c'est l'outil idéal pour préparer la plupart des plats de ce livre. Si vous n'êtes toujours pas convaincu que ce style de cuisine vous convient, utilisez une bonne poêle ou une bonne poêle pour tester des recettes. Une fois que vous réalisez à quel point il est facile à préparer et à quel point il est délicieux à manger,

*ormeau mariné*

pour 4 personnes

450 g / 1 lb d'ormeau en conserve

45 ml/3 cuillères à soupe de sauce soja

30 ml/2 cuillères à soupe de vinaigre de vin

5 ml/1 cuillère à café de sucre

quelques gouttes d'huile de sésame

Égouttez l'ormeau et coupez-le en fines tranches ou en lanières. Mélangez le reste des ingrédients, versez sur l'ormeau et mélangez bien. Couvrir et réfrigérer 1 heure.

*pousses de bambou bouillies*

pour 4 personnes

*60 ml/4 cuillères à soupe d'huile d'arachide*

*225 g de pousses de bambou coupées en lanières*

*60 ml/4 cuillères à soupe de bouillon de poulet*

*15 ml/1 cuillère à soupe de sauce soja*

*5 ml/1 cuillère à café de sucre*

*5 ml / 1 cuillère à café de vin de riz ou de xérès sec*

Faites chauffer l'huile et faites frire les pousses de bambou pendant 3 minutes. Mélangez le bouillon, la sauce soja, le sucre et le vin ou le xérès et versez dans la poêle. Couvrir et laisser cuire à feu doux pendant 20 minutes. Laisser refroidir et refroidir avant de servir.

*Poulet aux concombres*

pour 4 personnes

*1 concombre, pelé et épépiné*
*225 g de poulet bouilli, coupé en lanières*
*5 ml/1 cuillère à café de moutarde en poudre*
*2,5 ml/¬Ω cuillère à café de sel*
*30 ml/2 cuillères à soupe de vinaigre de vin*

Coupez le concombre en lanières et disposez-les sur une assiette plate. Placer le poulet dessus. Mélangez la moutarde, le sel et le vinaigre de vin et versez sur le poulet juste avant de servir.

*poulet au sésame*

pour 4 personnes

*350 g / 12 oz de poulet cuit*
*120 ml / 4 fl oz / ¬Ω tasse d'eau*
*5 ml/1 cuillère à café de moutarde en poudre*
*15 ml/1 cuillère à soupe de graines de sésame*
*2,5 ml/¬Ω cuillère à café de sel*
*une pincée de sucre*
*45 ml/3 cuillères à soupe de coriandre fraîche hachée*
*5 échalotes, hachées finement*
*¬Ω têtes de laitue hachées*

Coupez le poulet en fines lanières. On mélange suffisamment d'eau avec la moutarde pour obtenir une masse lisse et on la mélange avec le poulet. Faites griller les graines de sésame dans une poêle sèche jusqu'à ce qu'elles soient légèrement dorées, puis ajoutez-les au poulet et saupoudrez de sel et de sucre. Ajoutez la moitié du persil et de la ciboulette et mélangez bien. Disposer la salade sur un plat de service, garnir du mélange de poulet et garnir du persil restant.

*Litchi au gingembre*

pour 4 personnes

*1 grosse pastèque coupée en deux et épépinée*

*450 g de litchis en conserve égouttés*

*5 cm de tige de gingembre, tranchée*

*quelques feuilles de menthe*

Remplissez la moitié du melon de litchi et de gingembre, décorez d'une feuille de menthe. Refroidir avant de servir.

*Ailes de poulet bouillies rouges*

pour 4 personnes

*8 ailes de poulet*
*2 échalotes (ternes), hachées finement*
*75 ml/5 cuillères à soupe de sauce soja*
*120 ml / 4 fl oz / ¬Ω tasse d'eau*
*30 ml/2 cuillères à soupe de cassonade*

Coupez et jetez les extrémités des os des ailes de poulet et coupez-les en deux. Mettez-le dans une casserole avec les autres ingrédients, portez à ébullition, couvrez et laissez cuire à feu doux pendant 30 minutes. Retirez le couvercle et laissez cuire encore 15 minutes en remuant souvent. Laissez-le refroidir avant de servir, puis conservez-le au réfrigérateur.

*chair de crabe au concombre*

pour 4 personnes

*4 oz/100 g de chair de crabe, flocons*
*2 concombres, nettoyés et râpés*
*1 tranche de racine de gingembre, hachée*
*15 ml/1 cuillère à soupe de sauce soja*
*30 ml/2 cuillères à soupe de vinaigre de vin*
*5 ml/1 cuillère à café de sucre*
*quelques gouttes d'huile de sésame*

Mettez la chair de crabe et le concombre dans un bol. Mélangez le reste des ingrédients, versez sur le mélange de chair de crabe et mélangez bien. Couvrir et réfrigérer 30 minutes avant de servir.

*champignons marinés*

pour 4 personnes

*225 g de champignons*
*30 ml/2 cuillères à soupe de sauce soja*
*15 ml/1 cuillère à soupe de vin de riz ou de xérès sec*
*pincée de sel*
*quelques gouttes de sauce Tabasco*
*quelques gouttes d'huile de sésame*

Faites bouillir les champignons dans l'eau bouillante pendant 2 minutes, puis égouttez et séchez. Placez-le dans un bol et versez-le sur les autres ingrédients. Bien mélanger et conserver au réfrigérateur avant de servir.

*Champignons à l'ail mariné*

pour 4 personnes

*225 g de champignons*
*3 gousses d'ail, émincées*
*30 ml/2 cuillères à soupe de sauce soja*
*30 ml/2 cuillères à soupe de vin de riz ou de xérès sec*
*15 ml/1 cuillère à soupe d'huile de sésame*
*pincée de sel*

Placez les champignons et l'ail dans une passoire, versez dessus de l'eau bouillante et laissez-les reposer 3 minutes. Égoutter et bien sécher. Mélangez les autres ingrédients, versez la marinade sur les champignons et laissez mariner 1 heure.

*Crevettes et chou-fleur*

pour 4 personnes

*225 g / 8 oz Fleurons de chou-fleur*
*100 g de crevettes décortiquées*
*15 ml/1 cuillère à soupe de sauce soja*
*5 ml/1 cuillère à café d'huile de sésame*

Blanchir le chou-fleur pendant environ 5 minutes, jusqu'à ce qu'il soit tendre mais toujours croquant. Mélanger avec les crevettes, saupoudrer de sauce soja et d'huile de sésame, mélanger. Refroidir avant de servir.

*Bâtonnets de jambon aux graines de sésame*

pour 4 personnes

*225 g de jambon coupé en lanières*
*10 ml/2 cuillères à café de sauce soja*
*2,5 ml/½ cuillère à café d'huile de sésame*

Disposez le jambon sur une assiette de service. Mélangez la sauce soja et l'huile de sésame, saupoudrez de jambon et servez.

*tofu froid*

pour 4 personnes

*450 g de tofu coupé en tranches*
*45 ml/3 cuillères à soupe de sauce soja*
*45 ml / 3 cuillères à soupe d'huile d'arachide (cacahuètes)*
*poivre fraîchement moulu*

Placez quelques tranches de tofu dans une passoire, plongez-le dans l'eau bouillante pendant 40 secondes, puis égouttez-le et disposez-le sur une assiette. Laissez-le refroidir. Mélangez la sauce soja et l'huile, saupoudrez de tofu et servez saupoudré de poivre.

*Poulet au bacon*

pour 4 personnes

*225 g / 8 oz de poulet, coupé en tranches très fines*
*75 ml/5 cuillères à soupe de sauce soja*
*15 ml/1 cuillère à soupe de vin de riz ou de xérès sec*
*1 gousse d'ail écrasée*
*15 ml/1 cuillère à soupe de cassonade*
*5 ml/1 cuillère à café de sel*
*5 ml/1 cuillère à café de racine de gingembre moulue*
*8 onces/225 g de bacon maigre, coupé en dés*
*100 g de châtaignes d'eau tranchées très finement*
*30 ml/2 cuillères à soupe de miel*

Placer le poulet dans un bol. Mélangez 45 ml/3 cuillères à soupe de sauce soja avec du vin ou du xérès, de l'ail, du sucre, du sel et du gingembre, versez sur le poulet et laissez mariner env. pendant 3 heures. Disposez le poulet, les lardons et les marrons sur la brochette. Mélangez le reste de la sauce soja avec le miel et étalez-le sur le kebab. Faites griller les gâteaux sous un gril chaud pendant environ 10 minutes jusqu'à ce qu'ils soient bien cuits, en les retournant fréquemment et en les badigeonnant de glaçage supplémentaire pendant la cuisson.

*Frites au poulet et bananes*

pour 4 personnes

*2 poitrines de poulet bouillies*

*2 bananes dures*

*6 tranches de pain*

*4 œufs*

*120 ml / 4 fl oz / ¬Ω tasse de lait*

*50 g / 2 oz / ¬Ω tasse de farine nature (tout usage)*

*225 g / 8 oz / 4 tasses de chapelure fraîche*

*huile de cuisine*

Coupez le poulet en 24 morceaux. Épluchez les plantains et coupez-les en quartiers dans le sens de la longueur. Coupez chaque quartier en trois pour obtenir 24 morceaux. Retirez la croûte du pain et coupez-le en quartiers. Battez l'œuf et le lait et badigeonnez un côté du pain. Placez un morceau de poulet et un morceau de banane sur la face recouverte d'œuf de chaque morceau de pain. Saupoudrez les fins carrés de farine, puis trempez-les dans l'œuf et recouvrez-les de chapelure. Tremper à nouveau dans l'œuf et la chapelure. Faites chauffer l'huile et faites frire quelques carrés jusqu'à ce qu'ils soient dorés. Égoutter sur du papier absorbant avant de servir.

*Poulet au gingembre et champignons*

pour 4 personnes

*225 g de filets de poitrine de poulet*
*5 ml/1 cuillère à café de poudre aux cinq épices*
*15 ml / 1 cuillère à soupe de farine nature (tout usage)*
*120 ml / 4 fl oz / ¬Ω tasse d'huile d'arachide*
*4 échalotes, coupées en deux*
*1 gousse d'ail, tranchée*
*1 tranche de racine de gingembre, hachée*
*25 g / 1 oz / ¬° tasse de noix de cajou*
*5 ml/1 cuillère à café de miel*
*15 ml/1 cuillère à soupe de farine de riz*
*75 ml/5 cuillères à soupe de vin de riz ou de xérès sec*
*100 g de champignons coupés en quartiers*
*2,5 ml/¬Ω cuillère à café de curcuma*
*6 piments jaunes coupés en deux*
*5 ml/1 cuillère à café de sauce soja*
*¬Ω Jus de citron*
*sel et poivre*
*4 feuilles de laitue croustillantes*

Coupez la poitrine de poulet en diagonale dans le sens du grain en fines lanières. Saupoudrer de poudre aux cinq épices et enrober légèrement de farine. Faites chauffer 15 ml/1 cuillère à soupe d'huile et faites frire le poulet jusqu'à ce qu'il soit doré. Retirer de la poêle. Faites chauffer un filet d'huile et faites revenir les échalotes, l'ail, le gingembre et les noix de cajou pendant 1 minute. Ajouter le miel et remuer jusqu'à ce que les légumes soient enrobés. Saupoudrer de farine, puis ajouter du vin ou du xérès. Ajouter les champignons, le curcuma et le piment et cuire 1 minute. Ajoutez le poulet, la sauce soja, le jus d'un demi citron vert, le sel et le poivre, puis faites chauffer. Retirer de la poêle et réserver au chaud. Faites chauffer un filet d'huile, ajoutez les feuilles de salade et faites-les revenir rapidement, assaisonnez avec du sel, du poivre et le jus de citron restant.

*poulet et jambon*

pour 4 personnes

*225 g / 8 oz de poulet, coupé en tranches très fines*
*75 ml/5 cuillères à soupe de sauce soja*
*15 ml/1 cuillère à soupe de vin de riz ou de xérès sec*
*15 ml/1 cuillère à soupe de cassonade*
*5 ml/1 cuillère à café de racine de gingembre moulue*
*1 gousse d'ail écrasée*
*225 g de jambon cuit coupé en cubes*
*30 ml/2 cuillères à soupe de miel*

Placez le poulet dans un bol avec 45 ml/3 cuillères à soupe de sauce soja, du vin ou du xérès, du sucre, du gingembre et de l'ail. Laisser macérer 3 heures. Disposez le poulet et le jambon sur les brochettes de kebab. Mélangez le reste de la sauce soja avec le miel et étalez-le sur le kebab. Faites griller les gâteaux sous le grill chaud pendant environ 10 minutes en les retournant souvent et en les arrosant de glaçage pendant la cuisson.

*Foie de poulet grillé*

pour 4 personnes

*450 g / 1 lb de foie de poulet*
*45 ml/3 cuillères à soupe de sauce soja*
*15 ml/1 cuillère à soupe de vin de riz ou de xérès sec*
*15 ml/1 cuillère à soupe de cassonade*
*5 ml/1 cuillère à café de sel*
*5 ml/1 cuillère à café de racine de gingembre moulue*
*1 gousse d'ail écrasée*

Faire bouillir les foies de volaille dans l'eau bouillante pendant 2 minutes, puis bien les égoutter. Placez-le dans un bol avec tous les autres ingrédients sauf l'huile et laissez mariner environ 3 heures. Placer les foies de volaille sur une brochette de kebab et faire griller (grill) sous un grill chaud jusqu'à ce qu'ils soient dorés, environ 8 minutes.

*Boulettes de crabe aux châtaignes d'eau*

pour 4 personnes

*1 lb/450 g de chair de crabe, hachée*
*100 g de châtaignes d'eau hachées*
*1 gousse d'ail écrasée*
*1 cm/¬Ω racine de gingembre tranchée, hachée*
*45 ml / 3 cuillères à soupe de farine de maïs (amidon de maïs)*
*30 ml/2 cuillères à soupe de sauce soja*
*15 ml/1 cuillère à soupe de vin de riz ou de xérès sec*
*5 ml/1 cuillère à café de sel*
*5 ml/1 cuillère à café de sucre*
*3 oeufs battus*
*huile de cuisine*

Mélanger tous les ingrédients sauf l'huile et former des boules. Faites chauffer l'huile et faites frire les boulettes de crabe jusqu'à ce qu'elles soient dorées. Bien égoutter avant de servir.

*Dim-Sum*

pour 4 personnes

*100 g de crevettes décortiquées, coupées en petits morceaux*
*225 g / 8 oz de porc maigre, haché finement*
*50 g de bok choy finement haché*
*3 échalotes (pelées), hachées finement*
*1 oeuf battu*
*30 ml / 2 cuillères à soupe de farine de maïs (amidon de maïs)*
*10 ml/2 cuillères à café de sauce soja*
*5 ml/1 cuillère à café d'huile de sésame*
*5 ml/1 cuillère à café de sauce aux huîtres*
*24 peaux de wonton*
*huile de cuisine*

Incorporer les crevettes, le porc, le chou et les oignons verts. Mélangez l'œuf, l'huile, la sauce soja, l'huile de sésame et la sauce d'huître. Étalez le mélange au centre de chaque peau de wonton. Appuyez délicatement sur le papier d'aluminium autour de la garniture afin que les bords soient ensemble mais que le dessus reste ouvert. Faites chauffer l'huile et faites frire les dim sum plusieurs fois jusqu'à ce qu'ils soient dorés. Bien les égoutter et servir chaud.

*Rouleaux de poulet et jambon*

pour 4 personnes

*2 poitrines de poulet*

*1 gousse d'ail écrasée*

*2,5 ml/¬Ω cuillère à café de sel*

*2,5 ml / ¬Ω cuillère à café de poudre aux cinq épices*

*4 tranches de jambon cuit*

*1 oeuf battu*

*30 ml/2 cuillères à soupe de lait*

*25 g / 1 oz / ¬° tasse de farine nature (tout usage)*

*Coquilles de 4 rouleaux*

*huile de cuisine*

Coupez la poitrine de poulet en deux. Battez-les jusqu'à ce qu'ils soient très lisses. Mélangez l'ail, le sel et la poudre aux cinq épices et saupoudrez sur le poulet. Placez une tranche de jambon sur chaque morceau de poulet et roulez-le bien. Mélangez l'œuf et le lait. Draguez les fins morceaux de poulet dans la farine, puis trempez-les dans le mélange aux œufs. Disposez chaque morceau sur la peau d'un rouleau et badigeonnez les bords avec l'œuf battu. Pliez les côtés, puis roulez en pinçant les bords pour sceller. Faites chauffer l'huile et faites frire les petits pains pendant environ 5 minutes jusqu'à ce qu'ils soient dorés et bien cuits. Égouttez-les sur du papier absorbant, puis coupez-les en tranches épaisses en diagonale et servez.

*Pousses de jambon rôties*

pour 4 personnes

*350 g de farine (tout usage)*
*175 g / 6 oz / ¬œ tasse de beurre*
*120 ml / 4 fl oz / ¬Ω tasse d'eau*
*225 g de jambon haché*
*100 g de pousses de bambou hachées*
*2 échalotes (ternes), hachées finement*
*15 ml/1 cuillère à soupe de sauce soja*
*30 ml/2 cuillères à soupe de graines de sésame*

Mettez la farine dans un bol et émiettez le beurre. Mélanger avec de l'eau pour former une pâte. Étalez la pâte et coupez-la en cercles de 5 cm, mélangez les autres ingrédients sauf les graines de sésame et déposez-en une cuillerée sur chaque cercle. Badigeonner les bords de la pâte d'eau et sceller. Badigeonner l'extérieur d'eau et saupoudrer de graines de sésame. Cuire au four préchauffé à 180C/350F/thermostat 4 pendant 30 minutes.

*poisson pseudo-fumé*

pour 4 personnes

*1 bar*

*3 tranches de racine de gingembre, tranchées*

*1 gousse d'ail écrasée*

*1 oignon nouveau (oignon), tranché épaisse*

*75 ml/5 cuillères à soupe de sauce soja*

*30 ml/2 cuillères à soupe de vin de riz ou de xérès sec*

*2,5 ml/¬Ω cuillère à café d'anis moulu*

*2,5 ml/¬Ω cuillère à café d'huile de sésame*

*10 ml/2 cuillères à café de sucre*

*120 ml / 4 fl oz / ¬Ω tasse de bouillon*

*huile de cuisine*

*5 ml / 1 cuillère à café de farine de maïs (amidon de maïs)*

Nettoyez le poisson et coupez-le en tranches de 5 mm dans le sens du grain. Incorporer le gingembre, l'ail, la ciboule, 60 ml/4 cuillères à soupe de sauce soja, le xérès, l'anis et l'huile de sésame. Versez sur le poisson et mélangez délicatement. Laissez reposer 2 heures en le retournant de temps en temps.

Égoutter la marinade dans une casserole et sécher le poisson sur du papier absorbant. Ajouter le sucre, le bouillon et le reste de sauce soja à la marinade, porter à ébullition et laisser mijoter 1 minute. Si vous avez besoin d'épaissir la sauce, mélangez la fécule de maïs avec un peu d'eau froide, incorporez-la à la sauce et faites cuire en remuant jusqu'à ce que la sauce épaississe.

Pendant ce temps, faites chauffer l'huile et faites frire le poisson jusqu'à ce qu'il soit doré. Bien égoutter. Trempez les morceaux de poisson dans la marinade, puis disposez-les sur une assiette de service chaude. Servir chaud ou froid.

*Champignons farcis*

pour 4 personnes

*12 gros chapeaux de champignons séchés*
*225 g / 8 onces de chair de crabe*
*3 châtaignes d'eau hachées*
*2 échalotes (ternes), hachées finement*
*1 blanc d'oeuf*
*15 ml / 1 cuillère à soupe de farine de maïs (amidon de maïs)*
*15 ml/1 cuillère à soupe de sauce soja*
*15 ml/1 cuillère à soupe de vin de riz ou de xérès sec*

Faire tremper les champignons dans l'eau tiède toute la nuit. Presser pour sécher. Mélangez les autres ingrédients et remplissez les chapeaux de champignons. Placer sur un grill et cuire à la vapeur pendant 40 minutes. Il est servi chaud.

*Champignons à la sauce d'huîtres*

pour 4 personnes

*10 champignons chinois séchés*
*250 ml / 8 fl oz / 1 tasse de bouillon de bœuf*
*15 ml / 1 cuillère à soupe de farine de maïs (amidon de maïs)*
*30 ml / 2 cuillères à soupe de sauce aux huîtres*
*5 ml / 1 cuillère à café de vin de riz ou de xérès sec*

Faites tremper les champignons dans l'eau tiède pendant 30 minutes, puis égouttez-les et réservez 250 ml/8 fl oz/1 tasse de liquide de trempage. Jetez les tiges. Mélangez 60 ml/4 cuillères à soupe de bouillon de bœuf avec la maïzena pour former une pâte. Faire bouillir le reste du bouillon de bœuf avec les champignons et le liquide des champignons, couvrir et laisser mijoter 20 minutes. Retirez les champignons du liquide avec une écumoire et placez-les sur une assiette chaude. Ajouter la sauce aux huîtres et le xérès dans la poêle et cuire en remuant pendant 2 minutes. Ajouter la pâte de semoule de maïs et laisser mijoter en remuant jusqu'à ce que la sauce épaississe. Verser sur les champignons et servir ensemble.

*Rouleau de porc et salade*

pour 4 personnes

*4 champignons chinois séchés*
*15 ml/1 cuillère à soupe d'huile d'arachide*
*225 g / 8 oz de porc maigre, haché*
*100 g de pousses de bambou hachées*
*100 g de châtaignes d'eau hachées*
*4 échalotes (pelées), hachées finement*
*175 g de chair de crabe, émiettée*
*30 ml/2 cuillères à soupe de vin de riz ou de xérès sec*
*15 ml/1 cuillère à soupe de sauce soja*
*10 ml / 2 cuillères à café de sauce aux huîtres*
*10 ml / 2 cuillères à café d'huile de sésame*
*9 caractères chinois*

Faites tremper les champignons dans l'eau tiède pendant 30 minutes, puis égouttez-les. Retirez les tiges et coupez le dessus. Faites chauffer l'huile et faites revenir le porc pendant 5 minutes. Ajoutez les champignons, les pousses de bambou, les châtaignes d'eau, la ciboule et la chair de crabe et faites revenir 2 minutes. Mélangez le vin ou le xérès, la sauce soja, la sauce aux huîtres et l'huile de sésame et remuez dans la poêle. Retirer du feu. Pendant ce temps, faites bouillir les feuilles de cèpes dans l'eau bouillante pendant 1 minute, puis égouttez-les. Placez une cuillerée de mélange de porc au centre de chaque feuille, repliez-la sur les côtés, puis roulez-la pour servir.

*Boulettes de porc et châtaignes*

pour 4 personnes

*450 g de porc haché (haché)*
*50 g de champignons finement hachés*
*50 g de châtaignes d'eau hachées finement*
*1 gousse d'ail écrasée*
*1 oeuf battu*
*30 ml/2 cuillères à soupe de sauce soja*
*15 ml/1 cuillère à soupe de vin de riz ou de xérès sec*
*5 ml/1 cuillère à café de racine de gingembre moulue*
*5 ml/1 cuillère à café de sucre*
*sel*
*30 ml / 2 cuillères à soupe de farine de maïs (amidon de maïs)*
*huile de cuisine*

Mélangez tous les ingrédients sauf la farine de maïs et formez des boules de pâte. Il est roulé dans de la semoule de maïs. Faites chauffer l'huile et faites frire les boulettes de viande jusqu'à ce qu'elles soient dorées en 10 minutes environ. Bien égoutter avant de servir.

*Dumplings au porc*

pour 4 personnes

*450 g de farine nature (tout usage)*

*500 ml / 17 fl oz / 2 tasses d'eau*

*450 g de porc cuit, haché*

*225 g de crevettes décortiquées, coupées en petits morceaux*

*4 branches de céleri, hachées finement*

*15 ml/1 cuillère à soupe de sauce soja*

*15 ml/1 cuillère à soupe de vin de riz ou de xérès sec*

*15 ml/1 cuillère à soupe d'huile de sésame*

*5 ml/1 cuillère à café de sel*

*2 échalotes (ternes), hachées finement*

*2 gousses d'ail émincées*

*1 tranche de racine de gingembre, hachée*

Mélanger la farine et l'eau jusqu'à obtenir une pâte lisse et bien pétrir. Couvrir et laisser reposer 10 minutes. Abaissez la pâte le plus finement possible et coupez-la en cercles de 5 cm, mélangez les autres ingrédients. Déposez une cuillerée du mélange dans chaque cercle, humidifiez les bords et fermez en demi-cercle. Portez une casserole d'eau à ébullition, puis placez délicatement les boulettes de viande dans l'eau. Lorsque les boulettes remontent à la surface, ajoutez 150 ml d'eau froide, puis portez l'eau à ébullition. Lorsque les boulettes de viande lèveront à nouveau, elles seront prêtes.

*Rôti de porc et de bœuf*

pour 4 personnes

*100 g de porc haché (émincé)*
*100 g de bœuf haché (émincé)*
*1 tranche de bacon, haché finement (moulu)*
*15 ml/1 cuillère à soupe de sauce soja*
*sel et poivre*
*1 oeuf battu*
*30 ml / 2 cuillères à soupe de farine de maïs (amidon de maïs)*
*huile de cuisine*

Mélangez le bœuf haché et le bacon et assaisonnez de sel et de poivre. Il est mélangé à l'œuf, façonné en boules de la taille d'une noix et saupoudré de farine de maïs. Faites chauffer l'huile et faites-la frire jusqu'à ce qu'elle soit dorée. Bien égoutter avant de servir.

*Crevette papillon*

pour 4 personnes

*450 g de grosses crevettes décortiquées*
*15 ml/1 cuillère à soupe de sauce soja*
*5 ml / 1 cuillère à café de vin de riz ou de xérès sec*
*5 ml/1 cuillère à café de racine de gingembre moulue*
*2,5 ml/½ cuillère à café de sel*
*2 oeufs battus*
*30 ml / 2 cuillères à soupe de farine de maïs (amidon de maïs)*
*15 ml / 1 cuillère à soupe de farine nature (tout usage)*
*huile de cuisine*

Coupez les crevettes au centre du dos et étalez-les pour former un papillon. Incorporer la sauce soja, le vin ou le xérès, le gingembre et le sel. Verser sur les crevettes et laisser mariner 30 minutes. Retirer de la marinade et égoutter. Battez l'œuf avec la fécule de maïs et la farine jusqu'à formation d'une pâte, puis plongez les crevettes dans la pâte. Faites chauffer l'huile et faites frire les crevettes jusqu'à ce qu'elles soient dorées. Bien égoutter avant de servir.

*Crevettes chinoises*

pour 4 personnes

*450 g / 1 lb de crevettes non décortiquées*
*30 ml/2 cuillères à soupe de sauce Worcestershire*
*15 ml/1 cuillère à soupe de sauce soja*
*15 ml/1 cuillère à soupe de vin de riz ou de xérès sec*
*15 ml/1 cuillère à soupe de cassonade*

Placez les crevettes dans un bol. Mélanger les autres ingrédients, verser sur les crevettes et laisser mariner 30 minutes. Placer sur une plaque à pâtisserie et cuire au four préchauffé à 150°C/300°F/thermostat 2 pendant 25 minutes. Il est servi chaud ou froid dans sa coquille pour que les convives soient ravis.

*Biscuits aux crevettes*

pour 4 personnes

*100 g de craquelins aux crevettes*

*huile de cuisine*

Faites chauffer l'huile très chaude. Ajoutez une poignée de craquelins de crevettes à la fois et faites frire pendant quelques secondes jusqu'à ce qu'ils soient gonflés. Retirez-les de l'huile et laissez-les égoutter sur du papier absorbant pendant que vous poursuivez la cuisson des biscuits.

*crevettes croustillantes*

pour 4 personnes

*450 g / 1 lb de crabe tigré décortiqué*
*15 ml/1 cuillère à soupe de vin de riz ou de xérès sec*
*10 ml/2 cuillères à café de sauce soja*
*5 ml/1 cuillère à café de poudre aux cinq épices*
*sel et poivre*
*90 ml / 6 cuillères à soupe de farine de maïs (amidon de maïs)*
*2 oeufs battus*
*100 g de chapelure*
*huile d'arachide pour la friture*

Assaisonnez les crevettes avec du vin ou du xérès, de la sauce soja et de la poudre de cinq épices, puis assaisonnez de sel et de poivre. Trempez-les dans la farine de maïs, puis badigeonnez-les d'œuf battu et de chapelure. Faites-les revenir quelques minutes dans l'huile bouillante jusqu'à ce qu'ils soient légèrement dorés, puis égouttez-les et servez aussitôt.

*Crevettes sauce gingembre*

pour 4 personnes

*15 ml/1 cuillère à soupe de sauce soja*

*5 ml / 1 cuillère à café de vin de riz ou de xérès sec*

*5 ml/1 cuillère à café d'huile de sésame*

*450 g / 1 lb de crevettes décortiquées*

*30 ml/2 cuillères à soupe de persil frais haché*

*15 ml/1 cuillère à soupe de vinaigre de vin*

*5 ml/1 cuillère à café de racine de gingembre moulue*

Incorporer la sauce soja, le vin ou le xérès et l'huile de sésame. Verser sur les crevettes, couvrir et laisser mariner 30 minutes. Faites griller les crevettes quelques minutes jusqu'à ce qu'elles soient cuites, puis badigeonnez-les de marinade. Pendant ce temps, mélangez le persil, le vinaigre de vin et le gingembre avec les crevettes.

*Rouleaux de pâtes et crevettes*

pour 4 personnes

*50 g de pâtes aux œufs cassées en morceaux*
*15 ml/1 cuillère à soupe d'huile d'arachide*
*50 g de porc maigre, finement haché*
*100 g de champignons finement hachés*
*3 échalotes (pelées), hachées finement*
*100 g de crevettes décortiquées, coupées en petits morceaux*
*15 ml/1 cuillère à soupe de vin de riz ou de xérès sec*
*sel et poivre*
*24 peaux de wonton*
*1 oeuf battu*
*huile de cuisine*

Faites bouillir les pâtes dans l'eau bouillante pendant 5 minutes, puis égouttez-les et coupez-les en petits morceaux. Faites chauffer l'huile et faites revenir le porc pendant 4 minutes. Ajoutez les champignons et les oignons et faites revenir 2 minutes, puis retirez du feu. Ajoutez les crevettes, le vin ou le xérès et les pâtes et assaisonnez avec du sel et du poivre au goût. Placer un morceau de pâte au centre de chaque coquille de wonton et badigeonner les bords d'œuf battu. Pliez les bords, puis enroulez le papier d'emballage et scellez les bords. Faites chauffer l'huile et faites frire les petits pains pendant environ 5 minutes chacun jusqu'à ce qu'ils soient dorés. Égoutter sur du papier absorbant avant de servir.

*Toasts aux crevettes*

pour 4 personnes

*2 œufs 450g / 1 lb. crevettes, nettoyées, hachées*
*15 ml / 1 cuillère à soupe de farine de maïs (amidon de maïs)*
*1 oignon finement haché*
*30 ml/2 cuillères à soupe de sauce soja*
*15 ml/1 cuillère à soupe de vin de riz ou de xérès sec*
*5 ml/1 cuillère à café de sel*
*5 ml/1 cuillère à café de racine de gingembre moulue*
*8 tranches de pain coupées en triangles*
*huile de cuisine*

Mélangez 1 œuf avec le reste des ingrédients sauf le pain et l'huile. Versez le mélange sur les triangles de pain et pressez-les en forme de dôme. Badigeonner avec le reste de l'œuf. Faites chauffer environ 5 cm d'huile et faites frire les triangles de pain jusqu'à ce qu'ils soient dorés. Bien égoutter avant de servir.

*Wontons de porc et de crabe avec sauce aigre-douce*

pour 4 personnes

*120 ml / 4 fl oz / ½ tasse d'eau*
*60 ml/4 cuillères à soupe de vinaigre de vin*
*60 ml/4 cuillères à soupe de cassonade*
*30 ml / 2 cuillères à soupe de concentré de tomate (pâte)*
*10 ml / 2 cuillères à café de farine de maïs (amidon de maïs)*
*25 g/1 once de champignons, hachés*
*25 g/1 oz de crevettes, décortiquées et hachées*
*50 g / 2 oz de porc maigre, haché*
*2 échalotes (ternes), hachées finement*
*5 ml/1 cuillère à café de sauce soja*
*2,5 ml/½ cuillère à café de racine de gingembre râpée*
*1 gousse d'ail écrasée*
*24 peaux de wonton*
*huile de cuisine*

Dans une casserole, mélanger l'eau, le vinaigre de vin, le sucre, le concentré de tomate et la farine de maïs. Porter à ébullition en remuant constamment, puis laisser mijoter 1 minute. Retirer du feu et réserver au chaud.

Incorporer les champignons, les crevettes, le porc, le thé vert, la sauce soja, le gingembre et l'ail. Déposer une cuillerée de farce dans chaque peau, badigeonner les bords d'eau et presser. Faites chauffer l'huile et faites frire les wontons un par un jusqu'à ce qu'ils soient dorés. Égouttez-les sur du papier absorbant et servez chaud avec une sauce aigre-douce.

*Soupe au poulet*

Rendement : 2 litres / 3½ pt / 8½ tasses

*1,5 kg d'os de poulet bouillis ou crus*

*450 g/1 lb d'os de porc*

*1 cm / ½ morceau de racine de gingembre*

*3 oignons nouveaux (oignons), tranchés*

*1 gousse d'ail écrasée*

*5 ml/1 cuillère à café de sel*

*2,25 litres / 4 points / 10 tasses d'eau*

Portez tous les ingrédients à ébullition, couvrez et laissez mijoter 15 minutes. Coupez le gras. Couvrir et cuire à feu doux pendant 1h30. Filtrer, refroidir et dégraisser. Congeler en petites quantités ou réfrigérer et utiliser dans les 2 jours.

*Soupe au porc et aux germes de soja*

pour 4 personnes

*450 g de porc, coupé en dés*

*1,5 l / 2½ pt / 6 tasses de soupe au poulet*

*5 tranches de racine de gingembre*

*350 g de germes de soja*

*15 ml/1 cuillère à soupe de sel*

Faites bouillir le porc 10 minutes dans de l'eau bouillante, puis égouttez-le. Portez le bouillon à ébullition et ajoutez le porc et le gingembre. Couvrir et laisser cuire à feu doux pendant 50 minutes. Ajoutez les germes de soja, salez et laissez cuire 20 minutes.

*Soupe d'ormeaux et de champignons*

pour 4 personnes

*60 ml/4 cuillères à soupe d'huile d'arachide*
*100 g de porc maigre, coupé en lanières*
*225 g d'ormeaux en conserve, coupés en lanières*
*100 g/4 oz de champignons, tranchés*
*2 branches de céleri, tranchées*
*50 g de jambon coupé en lanières*
*2 oignons finement hachés*
*1,5 l / 2½ pt / 6 tasses d'eau*
*30 ml/2 cuillères à soupe de vinaigre de vin*
*45 ml/3 cuillères à soupe de sauce soja*
*2 tranches de racine de gingembre, hachées*
*sel et poivre fraîchement moulu*
*15 ml / 1 cuillère à soupe de farine de maïs (amidon de maïs)*
*45 ml/3 cuillères à soupe d'eau*

Faites chauffer l'huile et faites revenir le porc, les ormeaux, les champignons, le céleri, le jambon et l'oignon pendant 8 minutes. Ajoutez l'eau et le vinaigre de vin, portez à ébullition, couvrez et laissez mijoter 20 minutes. Ajouter la sauce soja, le gingembre, le sel et le poivre. Mélangez la semoule de maïs avec l'eau jusqu'à former une pâte, ajoutez-la à la soupe et laissez cuire 5 minutes en remuant jusqu'à ce que la soupe pâlisse et épaississe.

*Soupe au poulet et asperges*

pour 4 personnes

*100 g de poulet émincé*

*2 blancs d'œufs*

*2,5 ml / ½ cuillère à café de sel*

*30 ml / 2 cuillères à soupe de farine de maïs (amidon de maïs)*

*225 g d'asperges coupées en 2 morceaux de 5 cm*

*100 g de germes de soja*

*1,5 l / 2½ pt / 6 tasses de soupe au poulet*

*100 g de champignons*

Mélangez le poulet avec le blanc d'œuf, le sel et la fécule de maïs, puis laissez reposer 30 minutes. Faites cuire le blanc de poulet dans l'eau bouillante pendant 10 minutes, puis égouttez-le bien. Faites bouillir les asperges dans l'eau bouillante pendant 2 minutes, puis égouttez-les. Blanchir les germes de soja dans l'eau bouillante pendant 3 minutes, puis égoutter. Versez le bouillon dans une grande casserole et ajoutez le poulet, les asperges, les champignons et les germes de soja. Porter à ébullition et saler au goût. Cuire quelques minutes pour laisser les saveurs se développer et jusqu'à ce que les légumes soient tendres mais toujours croquants.

*Soupe de boeuf*

pour 4 personnes

*225 g de viande hachée (hachée)*
*15 ml/1 cuillère à soupe de sauce soja*
*15 ml/1 cuillère à soupe de vin de riz ou de xérès sec*
*15 ml / 1 cuillère à soupe de farine de maïs (amidon de maïs)*
*1,2 L / 2 points / 5 tasses de soupe au poulet*
*5 ml/1 cuillère à café de sauce chili*
*sel et poivre*
*2 oeufs battus*
*6 oignons nouveaux (oignons), finement hachés*

Mélangez la viande avec la sauce soja, le vin ou le xérès et la fécule de maïs. Ajouter au bouillon et porter progressivement à ébullition en remuant. Ajoutez la sauce chili, salez et poivrez au goût, couvrez et laissez mijoter environ 10 minutes en remuant de temps en temps. Ajouter l'œuf et servir parsemé de ciboulette.

*Soupe chinoise au bœuf et aux feuilles*

pour 4 personnes

*200 g de viande maigre coupée en lanières*
*15 ml/1 cuillère à soupe de sauce soja*
*15 ml/1 cuillère à soupe d'huile d'arachide*
*1,5 l / 2½ pt / 6 tasses de bouillon de bœuf*
*5 ml/1 cuillère à café de sel*
*2,5 ml/½ cuillère à café de sucre*
*½ tête de feuille de Chine, coupée en morceaux*

Mélangez la viande avec la sauce soja et l'huile, puis laissez mariner 30 minutes en remuant de temps en temps. Portez à ébullition le bouillon avec le sel et le sucre, ajoutez les feuilles de chinois et laissez mijoter environ 10 minutes jusqu'à ébullition. Ajoutez la viande et laissez cuire encore 5 minutes.

*Soupe aux choux*

pour 4 personnes

*60 ml/4 cuillères à soupe d'huile d'arachide*
*2 oignons finement hachés*
*100 g de porc maigre, coupé en lanières*
*225 g de bok choy, haché*
*10 ml/2 cuillères à café de sucre*
*1,2 L / 2 points / 5 tasses de soupe au poulet*
*45 ml/3 cuillères à soupe de sauce soja*
*sel et poivre*
*15 ml / 1 cuillère à soupe de farine de maïs (amidon de maïs)*

Faites chauffer l'huile et faites revenir l'oignon et le porc jusqu'à ce qu'ils soient légèrement dorés. Ajoutez le chou et le sucre et faites revenir 5 minutes. Ajouter le bouillon et la sauce soja et assaisonner de sel et de poivre au goût. Portez à ébullition, couvrez et laissez mijoter 20 minutes. Mélangez la maïzena avec un peu d'eau, ajoutez-la à la soupe et faites cuire en remuant jusqu'à ce que la soupe épaississe et s'éclaircisse.

*Soupe de boeuf épicée*

pour 4 personnes

*45 ml / 3 cuillères à soupe d'huile d'arachide (cacahuètes)*

*1 gousse d'ail écrasée*

*5 ml/1 cuillère à café de sel*

*225 g de viande hachée (hachée)*

*6 oignons nouveaux (oignons), coupés en lanières*

*1 poivron rouge coupé en lanières*

*1 poivron vert coupé en lanières*

*225 g de chou haché*

*1 L / 1¾ pt / 4¼ tasses de bouillon de bœuf*

*30 ml/2 cuillères à soupe de sauce aux prunes*

*30 ml/2 cuillères à soupe de sauce hoisin*

*45 ml/3 cuillères à soupe de sauce soja*

*2 branches de gingembre hachées*

*2 oeufs*

*5 ml/1 cuillère à café d'huile de sésame*

*8 onces/225 g de pâte transparente, trempée*

Faites chauffer l'huile et faites revenir l'ail et le sel jusqu'à ce qu'ils soient légèrement dorés. Ajoutez la viande et faites-la dorer rapidement. Ajoutez les légumes et faites-les revenir jusqu'à ce qu'ils deviennent transparents. Ajouter le bouillon, la sauce aux prunes, la sauce hoisin, 30 ml/2

cuillères à soupe de sauce soja et de gingembre, porter à ébullition et cuire 10 minutes. Battez les œufs avec l'huile de sésame et le reste de la sauce soja. Ajoutez-le à la soupe avec les pâtes et faites cuire en remuant jusqu'à ce que l'œuf soit pris et que les pâtes soient tendres.

*soupe céleste*

pour 4 personnes

*2 échalotes (ternes), hachées finement*

*1 gousse d'ail écrasée*

*30 ml/2 cuillères à soupe de persil frais haché*

*5 ml/1 cuillère à café de sel*

*15 ml/1 cuillère à soupe d'huile d'arachide*

*30 ml/2 cuillères à soupe de sauce soja*

*1,5 l / 2½ pt / 6 tasses d'eau*

Incorporer la ciboulette, l'ail, le persil, le sel, l'huile et la sauce soja. Faire bouillir l'eau, verser dessus le mélange de ciboulette et laisser reposer 3 minutes.

*Soupe au poulet et pousses de bambou*

pour 4 personnes

*2 cuisses de poulet*
*30 ml/2 cuillères à soupe d'huile d'arachide*
*5 ml / 1 cuillère à café de vin de riz ou de xérès sec*
*1,5 l / 2½ pt / 6 tasses de soupe au poulet*
*3 ciboulette, tranchée*
*100 g de pousses de bambou coupées en dés*
*5 ml/1 cuillère à café de racine de gingembre moulue*
*sel*

Désossez le poulet et coupez la viande en cubes. Faites chauffer l'huile et faites frire la poitrine de poulet de tous les côtés. Ajouter le bouillon, le thé vert, les pousses de bambou et le gingembre, porter à ébullition et laisser mijoter environ 20 minutes jusqu'à ce que le poulet soit tendre. Ajoutez du sel au goût avant de servir.

*Soupe au poulet et au maïs*

pour 4 personnes

*1 L / 1¾ pt / 4¼ tasses de bouillon de poulet*

*100 g de poulet, coupé en dés*

*200 g de crème de maïs sucrée*

*tranche de jambon haché*

*oeuf battu*

*15 ml/1 cuillère à soupe de vin de riz ou de xérès sec*

Portez à ébullition le bouillon et le poulet, couvrez et laissez mijoter 15 minutes. Ajoutez le maïs doux et le jambon, couvrez et laissez mijoter 5 minutes. Ajoutez l'œuf et le xérès en remuant doucement avec un cure-dent pour que les œufs forment des ficelles. Retirer du feu, couvrir et laisser reposer 3 minutes avant de servir.

*Soupe de poulet au gingembre*

pour 4 personnes

*4 champignons chinois séchés*
*1,5 L / 2½ pt / 6 tasses d'eau ou de bouillon de poulet*
*8 onces/225 g de poulet, coupé en dés*
*10 tranches de racine de gingembre*
*5 ml / 1 cuillère à café de vin de riz ou de xérès sec*
*sel*

Faites tremper les champignons dans l'eau tiède pendant 30 minutes, puis égouttez-les. Jetez les tiges. Portez l'eau ou le bouillon à ébullition avec le reste des ingrédients et laissez mijoter environ 20 minutes jusqu'à ce que le poulet soit cuit.

*Soupe chinoise au poulet et aux champignons*

pour 4 personnes

*25 g / 1 oz de champignons chinois séchés*
*100 g de poulet émincé*
*50 g de pousses de bambou hachées*
*30 ml/2 cuillères à soupe de sauce soja*
*30 ml/2 cuillères à soupe de vin de riz ou de xérès sec*
*1,2 L / 2 points / 5 tasses de soupe au poulet*

Faites tremper les champignons dans l'eau tiède pendant 30 minutes, puis égouttez-les. Retirez les tiges et coupez le dessus. Blanchir les champignons, le poulet et les pousses de bambou dans l'eau bouillante pendant 30 secondes, puis égoutter. Placez-les dans un bol et ajoutez la sauce soja et le vin ou le xérès. Laisser macérer 1 heure. Portez le bouillon à ébullition, ajoutez le mélange de poulet et la marinade. Bien mélanger et cuire quelques minutes jusqu'à ce que le poulet soit tendre.

*Soupe au poulet et riz*

pour 4 personnes

*1 L / 1¾ pt / 4¼ tasses de bouillon de poulet*

*225 g / 8 oz / 1 tasse de riz à grains longs cuit*

*4 oz/100 g de poulet cuit, coupé en lanières*

*1 oignon, coupé en rondelles*

*5 ml/1 cuillère à café de sauce soja*

Chauffez soigneusement tous les ingrédients jusqu'à ce qu'ils soient chauds sans laisser bouillir la soupe.

*Soupe au poulet et à la noix de coco*

pour 4 personnes

*350 g de poitrine de poulet*

*sel*

*10 ml / 2 cuillères à café de farine de maïs (amidon de maïs)*

*30 ml/2 cuillères à soupe d'huile d'arachide*

*1 piment vert, haché*

*1 L / 1¾ pt / 4¼ tasses de lait de coco*

*5 ml/1 cuillère à café de zeste de citron râpé*

*12 litchis*

*une pincée de muscade râpée*

*sel et poivre fraîchement moulu*

*2 feuilles de citronnelle*

Coupez la poitrine de poulet en lanières en diagonale dans le sens du grain. Saupoudrer de sel et recouvrir de semoule de maïs. Faites chauffer 10 ml/2 cuillères à café d'huile dans un wok, remuez et versez. Répétez encore une fois. Faites chauffer le reste de l'huile et faites revenir le poulet et le piment pendant 1 minute. Ajoutez le lait de coco et portez à ébullition. Ajoutez le zeste de citron et laissez mijoter 5 minutes. Ajouter le litchi, assaisonner de muscade, saler et poivrer et servir garni de citronnelle.

*Soupe aux palourdes*

pour 4 personnes

*2 champignons chinois séchés*
*12 palourdes trempées et lavées*
*1,5 l / 2½ pt / 6 tasses de soupe au poulet*
*50 g de pousses de bambou hachées*
*50 g de pois mange-tout, coupés en deux*
*2 oignons nouveaux (oignons), tranchés*
*15 ml/1 cuillère à soupe de vin de riz ou de xérès sec*
*poudre de poivre fraîchement moulu*

Faites tremper les champignons dans l'eau tiède pendant 30 minutes, puis égouttez-les. Retirez les tiges et coupez le dessus en deux. Faites cuire les coquilles à la vapeur pendant environ 5 minutes, jusqu'à ce qu'elles s'ouvrent. jetez ceux qui restent fermés. Retirez les palourdes de la coquille. Portez le bouillon à ébullition, ajoutez les champignons, les pousses de bambou, les pois mange-tout et les oignons nouveaux. Faire bouillir à découvert pendant 2 minutes. Ajouter les palourdes, le vin ou le xérès, assaisonner de poivre et cuire jusqu'à ce qu'ils soient bien cuits.

*Soupe aux œufs*

pour 4 personnes

*1,2 L / 2 points / 5 tasses de soupe au poulet*
*3 oeufs battus*
*45 ml/3 cuillères à soupe de sauce soja*
*sel et poivre fraîchement moulu*
*4 oignons nouveaux (oignons), tranchés*

Portez le bouillon à ébullition. Ajoutez les œufs battus petit à petit pour qu'ils deviennent filandreux. Ajoutez la sauce soja, salez et poivrez au goût. Il est servi garni de ciboulette.

*Bâtonnets de crabe et palourdes*

pour 4 personnes

*4 champignons chinois séchés*
*15 ml/1 cuillère à soupe d'huile d'arachide*
*1 oeuf battu*
*1,5 l / 2½ pt / 6 tasses de soupe au poulet*
*175 g de chair de crabe, émiettée*
*100 g de Saint-Jacques décortiquées, coupées en tranches*
*100 g / 4 oz de pousses de bambou, tranchées*
*2 échalotes (ternes), hachées finement*
*1 tranche de racine de gingembre, hachée*
*quelques crevettes bouillies et nettoyées (facultatif)*
*45 ml / 3 cuillères à soupe de farine de maïs (amidon de maïs)*
*90 ml/6 cuillères à soupe d'eau*
*30 ml/2 cuillères à soupe de vin de riz ou de xérès sec*
*20 ml/4 cuillères à café de sauce soja*
*2 blancs d'œufs*

Faites tremper les champignons dans l'eau tiède pendant 30 minutes, puis égouttez-les. Retirez les tiges et coupez finement le dessus. Faites chauffer l'huile, ajoutez l'œuf et inclinez la poêle pour que l'œuf recouvre le fond. cuire jusque-là éteignez-le, puis retournez-le et faites cuire également l'autre côté. Démoulez, roulez et coupez en fines lanières.

Portez le bouillon à ébullition, ajoutez les champignons, les lanières d'œufs, la chair de crabe, les palourdes, les pousses de bambou, l'oignon, le gingembre et les crevettes, le cas échéant. Faisons-le bouillir à nouveau. Mélangez la semoule de maïs avec 60 ml/4 cuillères à soupe d'eau, le vin ou le xérès et la sauce soja et ajoutez-la à la soupe. Cuire à feu doux en remuant jusqu'à ce que la soupe épaississe. Fouettez les protéines avec le reste d'eau et versez-les lentement dans la soupe en remuant vigoureusement.

*soupe de crabe*

pour 4 personnes

*90 ml/6 cuillères à soupe d'huile d'arachide*
*3 oignons finement hachés*
*225 g / 8 oz de chair de crabe blanche et brune*
*1 tranche de racine de gingembre, hachée*
*1,2 L / 2 points / 5 tasses de soupe au poulet*
*150 ml / ¼ pt / tasse de vin de riz ou de xérès sec*
*45 ml/3 cuillères à soupe de sauce soja*
*sel et poivre fraîchement moulu*

Faites chauffer l'huile et faites revenir l'oignon jusqu'à ce qu'il ramollisse mais ne devienne pas doré. Ajoutez la chair de crabe et le gingembre et faites revenir 5 minutes. Ajoutez le bouillon, le vin ou le xérès et la sauce soja, puis assaisonnez de sel et de poivre. Portez à ébullition, puis laissez mijoter 5 minutes.

*Soupe de poisson*

pour 4 personnes

*8 oz / 225 g de filets de poisson*
*1 tranche de racine de gingembre, hachée*
*15 ml/1 cuillère à soupe de vin de riz ou de xérès sec*
*30 ml/2 cuillères à soupe d'huile d'arachide*
*1,5 l / 2½ pt / 6 tasses de soupe de poisson*

Coupez le poisson en lanières plus fines que les yeux. Mélangez le gingembre, le vin ou le xérès et l'huile, ajoutez le poisson et mélangez délicatement. Laissez-les macérer 30 minutes en les retournant de temps en temps. Portez le bouillon à ébullition, ajoutez le poisson et laissez bouillir 3 minutes.

*Soupe de poisson et salade*

pour 4 personnes

*225 g / 8 oz de filets de poisson blanc*
*30 ml / 2 cuillères à soupe de farine nature (tout usage)*
*sel et poivre fraîchement moulu*
*90 ml/6 cuillères à soupe d'huile d'arachide*
*6 oignons nouveaux (oignons), tranchés*
*100 g de laitue hachée*
*1,2 l/2 points/5 tasses d'eau*
*10 ml / 2 cuillères à café de racine de gingembre finement hachée*
*150 ml/¼ pt/½ tasse généreuse de vin de riz ou de xérès sec*
*30 ml / 2 cuillères à soupe de farine de maïs (amidon de maïs)*
*30 ml/2 cuillères à soupe de persil frais haché*
*10 ml/2 cuillères à café de jus de citron*
*30 ml/2 cuillères à soupe de sauce soja*

Coupez le poisson en fines lanières, puis ajoutez la farine assaisonnée. Faites chauffer l'huile et faites revenir l'oignon nouveau jusqu'à ce qu'il soit tendre. Ajouter la salade et faire revenir 2 minutes. Ajouter le poisson et cuire 4 minutes. Ajouter l'eau, le gingembre et le vin ou le xérès, porter à ébullition, couvrir et laisser mijoter 5 minutes. Mélangez la semoule de maïs avec un peu d'eau, puis ajoutez-la à la soupe. Cuire en remuant encore 4 minutes jusqu'à ce que la soupe soit prête

rincer, puis assaisonner de sel et de poivre. Il est servi saupoudré de persil, de jus de citron et de sauce soja.

*Soupe de boulettes au gingembre*

pour 4 personnes

*Racine de gingembre râpée 5 cm*
*350 g de cassonade*
*1,5 l / 2½ pt / 7 tasses d'eau*
*225 g / 8 oz / 2 tasses de farine de riz*
*2,5 ml / ½ cuillère à café de sel*
*60 ml/4 cuillères à soupe d'eau*

Mettez le gingembre, le sucre et l'eau dans une casserole et portez à ébullition en remuant. Couvrir et laisser mijoter environ 20 minutes. Filtrez la soupe et remettez-la dans la poêle.

Pendant ce temps, mettez la farine et le sel dans un bol, puis mélangez progressivement avec suffisamment d'eau pour obtenir une pâte épaisse. Formez des petites boules et déposez-les dans la soupe. Portez la soupe à ébullition, couvrez et laissez mijoter encore 6 minutes jusqu'à ce que les raviolis soient cuits.

*soupe aigre-piquante*

pour 4 personnes

*8 champignons chinois séchés*

*1 L / 1¾ pt / 4¼ tasses de bouillon de poulet*

*100 g de poulet coupé en lanières*

*100 g de pousses de bambou coupées en lanières*

*100 g de tofu coupé en lanières*

*15 ml/1 cuillère à soupe de sauce soja*

*30 ml/2 cuillères à soupe de vinaigre de vin*

*30 ml / 2 cuillères à soupe de farine de maïs (amidon de maïs)*

*2 oeufs battus*

*quelques gouttes d'huile de sésame*

Faites tremper les champignons dans l'eau tiède pendant 30 minutes, puis égouttez-les. Retirez les tiges et coupez le dessus en lanières. Portez à ébullition les champignons, le bouillon, le poulet, les pousses de bambou et le tofu, couvrez et laissez mijoter 10 minutes. Mélangez la sauce soja, le vinaigre de vin et la maïzena jusqu'à consistance lisse, ajoutez-les à la soupe et laissez mijoter pendant 2 minutes jusqu'à ce que la soupe soit claire. Ajoutez lentement l'œuf et l'huile de sésame en mélangeant avec un cure-dent. Couvrir et laisser reposer 2 minutes avant de servir.

*Soupe aux champignons*

pour 4 personnes

*15 champignons chinois séchés*
*1,5 l / 2½ pt / 6 tasses de soupe au poulet*
*5 ml/1 cuillère à café de sel*

Faire tremper les champignons dans l'eau tiède pendant 30 minutes, puis égoutter et réserver le liquide. Retirez les tiges et coupez le dessus en deux si elles sont grosses et placez-les dans un grand bol résistant à la chaleur. Placez le plat sur une grille dans le four vapeur. Portez le bouillon à ébullition, versez-le sur les champignons, couvrez et faites cuire dans l'eau bouillante pendant 1 heure. Ajoutez du sel au goût et servez.

*Soupe aux champignons et aux choux*

pour 4 personnes

*25 g / 1 oz de champignons chinois séchés*
*15 ml/1 cuillère à soupe d'huile d'arachide*
*50 g de feuilles de Chine râpées*
*15 ml/1 cuillère à soupe de vin de riz ou de xérès sec*
*15 ml/1 cuillère à soupe de sauce soja*
*1,2 L / 2 points / 5 tasses de soupe au poulet ou aux légumes*
*sel et poivre fraîchement moulu*
*5 ml/1 cuillère à café d'huile de sésame*

Faites tremper les champignons dans l'eau tiède pendant 30 minutes, puis égouttez-les. Retirez les tiges et coupez le dessus. Faites chauffer l'huile et faites revenir les champignons et les feuilles chinoises pendant 2 minutes jusqu'à ce qu'ils soient bien enrobés. Ajoutez le vin ou le xérès et la sauce soja, puis ajoutez le bouillon. Portez à ébullition, salez et poivrez selon votre goût et laissez cuire 5 minutes. Arroser d'huile de sésame avant de servir.

*Soupe aux œufs et aux champignons*

pour 4 personnes

*1 L / 1¾ pt / 4¼ tasses de bouillon de poulet*

*30 ml / 2 cuillères à soupe de farine de maïs (amidon de maïs)*

*100 g/4 oz de champignons, tranchés*

*1 tranche d'oignon rouge, finement haché*

*pincée de sel*

*3 gouttes d'huile de sésame*

*2,5 ml/½ cuillère à café de sauce soja*

*1 oeuf battu*

Mélangez un peu de bouillon avec la fécule de maïs, puis mélangez tous les ingrédients sauf l'œuf. Portez à ébullition, couvrez et laissez cuire à feu doux pendant 5 minutes. Ajoutez l'œuf, mélangez avec un cure-dent pour que l'œuf forme des ficelles. Retirez-le du feu et laissez-le reposer 2 minutes avant de servir.

*Soupe de marrons aux champignons et eau*

pour 4 personnes

*1 l / 1¾ pt / 4¼ tasses de bouillon de légumes ou d'eau*

*2 oignons finement hachés*

*5 ml / 1 cuillère à café de vin de riz ou de xérès sec*

*30 ml/2 cuillères à soupe de sauce soja*

*225 g de champignons*

*100 g de châtaignes d'eau tranchées*

*100 g / 4 oz de pousses de bambou, tranchées*

*quelques gouttes d'huile de sésame*

*2 feuilles de laitue, coupées en dés*

*2 oignons nouveaux (oignons), coupés en dés*

Portez à ébullition l'eau, l'oignon, le vin ou le xérès et la sauce soja, couvrez et laissez mijoter 10 minutes. Ajoutez les champignons, les châtaignes d'eau et les pousses de bambou, couvrez et laissez mijoter 5 minutes. Ajouter l'huile de sésame, les feuilles de laitue et l'oignon nouveau, retirer du feu, couvrir et laisser reposer 1 minute avant de servir.

*Soupe de porc et champignons*

pour 4 personnes

*60 ml/4 cuillères à soupe d'huile d'arachide*
*1 gousse d'ail écrasée*
*2 oignons finement hachés*
*225 g / 8 oz de porc maigre, coupé en lanières*
*1 branche de céleri, hachée*
*50 g/2 oz de champignons, tranchés*
*2 carottes tranchées*
*1,2 l / 2 points / 5 tasses de bouillon de bœuf*
*15 ml/1 cuillère à soupe de sauce soja*
*sel et poivre fraîchement moulu*
*15 ml / 1 cuillère à soupe de farine de maïs (amidon de maïs)*

Faites chauffer l'huile et faites revenir l'ail, l'oignon et le porc jusqu'à ce que l'oignon soit tendre et légèrement doré. Ajoutez le céleri, les champignons et les carottes, couvrez et laissez cuire 10 minutes. Portez le bouillon à ébullition, puis versez-le dans la casserole avec la sauce soja et assaisonnez de sel et de poivre. Mélangez la semoule de maïs avec un peu d'eau, puis ajoutez-la dans la poêle et faites cuire à feu doux en remuant pendant environ 5 minutes.

*Soupe de porc et cresson*

pour 4 personnes

*1,5 l / 2½ pt / 6 tasses de soupe au poulet*
*100 g de porc maigre, coupé en lanières*
*3 branches de céleri, coupées en diagonale*
*2 échalotes (oignon), tranchées*
*1 botte de cresson*
*5 ml/1 cuillère à café de sel*

Portez le bouillon à ébullition, ajoutez le porc et le céleri, couvrez et laissez mijoter 15 minutes. Ajoutez la ciboulette, le cresson et le sel et laissez cuire à feu doux sans couvercle pendant environ 4 minutes.

*soupe de porc et concombre*

pour 4 personnes

*100 g de porc maigre, tranché finement*
*5 ml / 1 cuillère à café de farine de maïs (amidon de maïs)*
*15 ml/1 cuillère à soupe de sauce soja*
*15 ml/1 cuillère à soupe de vin de riz ou de xérès sec*
*1 concombre*
*1,5 l / 2½ pt / 6 tasses de soupe au poulet*
*5 ml/1 cuillère à café de sel*

Incorporer le porc, l'huile, la sauce soja et le vin ou le xérès. Remuer pour enrober le porc. Épluchez le concombre et coupez-le en deux dans le sens de la longueur, puis retirez les graines. Couper en tranches épaisses. Portez le bouillon à ébullition, ajoutez le porc, couvrez et laissez mijoter 10 minutes. Ajouter le concombre et faire revenir quelques minutes jusqu'à ce qu'il soit translucide. Si nécessaire, ajoutez du sel et un peu plus de sauce soja.

*Soupe aux boulettes de porc et nouilles*

pour 4 personnes

*50 g de nouilles de riz*

*225 g de porc haché (haché)*

*5 ml / 1 cuillère à café de farine de maïs (amidon de maïs)*

*2,5 ml / ½ cuillère à café de sel*

*30 ml/2 cuillères à soupe d'eau*

*1,5 l / 2½ pt / 6 tasses de soupe au poulet*

*1 oignon nouveau (oignon), finement haché*

*5 ml/1 cuillère à café de sauce soja*

Faites tremper le mélange dans l'eau froide jusqu'à obtenir des boulettes de viande. Mélangez le porc, la fécule de maïs, un peu de sel et d'eau et formez des boules de la taille d'une noix. Faites bouillir une casserole d'eau, ajoutez les boulettes de porc, couvrez et laissez cuire 5 minutes. Bien égoutter et égoutter les pâtes. Portez le bouillon à ébullition, ajoutez les boulettes de viande et les pâtes, couvrez et laissez mijoter 5 minutes. Ajoutez l'oignon, la sauce soja et le reste du sel et laissez cuire encore 2 minutes.

*Soupe aux épinards et au tofu*

pour 4 personnes

*1,2 L / 2 points / 5 tasses de soupe au poulet*

*200 g de tomates en conserve, égouttées et hachées*

*225 g de tofu coupé en dés*

*225 g d'épinards hachés*

*30 ml/2 cuillères à soupe de sauce soja*

*5 ml/1 cuillère à café de cassonade*

*sel et poivre fraîchement moulu*

Portez le bouillon à ébullition, puis ajoutez les tomates, le tofu et les épinards et remuez délicatement. Portez à nouveau à ébullition et laissez mijoter 5 minutes. Ajoutez la sauce soja et le sucre et assaisonnez avec du sel et du poivre au goût. Faire bouillir 1 minute avant de servir.

*Soupe de maïs sucré et crabe*

pour 4 personnes

*1,2 L / 2 points / 5 tasses de soupe au poulet*

*200 g de maïs sucré*

*sel et poivre fraîchement moulu*

*1 oeuf battu*

*200 g de chair de crabe, émiettée*

*3 échalotes finement hachées*

Portez le bouillon à ébullition, ajoutez le maïs sucré assaisonné de sel et de poivre. Cuire à feu doux pendant 5 minutes. Juste avant de servir, battez les œufs à la fourchette et fouettez-les sur la soupe. Il est servi saupoudré de chair de crabe et d'échalotes hachées.

*Soupe du Sichuan*

pour 4 personnes

*4 champignons chinois séchés*
*1,5 l / 2½ pt / 6 tasses de soupe au poulet*
*75 ml/5 cuillères à soupe de vin blanc sec*
*15 ml/1 cuillère à soupe de sauce soja*
*2,5 ml/½ cuillère à café de sauce chili*
*30 ml / 2 cuillères à soupe de farine de maïs (amidon de maïs)*
*60 ml/4 cuillères à soupe d'eau*
*100 g de porc maigre, coupé en lanières*
*50 g de jambon cuit coupé en lanières*
*1 poivron rouge coupé en lanières*
*50 g de châtaignes d'eau coupées en tranches*
*10 ml/2 cuillères à café de vinaigre de vin*
*5 ml/1 cuillère à café d'huile de sésame*
*1 oeuf battu*
*100 g de crevettes décortiquées*
*6 oignons nouveaux (oignons), finement hachés*
*175 g de tofu, coupé en dés*

Faites tremper les champignons dans l'eau tiède pendant 30 minutes, puis égouttez-les. Retirez les tiges et coupez le dessus. Apportez le bouillon, le vin, le soja

porter à ébullition la salsa et la sauce chili, couvrir et laisser mijoter pendant 5 minutes. Mélangez la semoule de maïs avec la moitié de l'eau et ajoutez-la à la soupe en remuant jusqu'à ce que la soupe épaississe. Ajoutez les champignons, le porc, le jambon, le poivre et les châtaignes d'eau et laissez mijoter 5 minutes. Ajoutez le vinaigre de vin et l'huile de sésame. Battez l'œuf avec le reste d'eau et versez-le dans la soupe en remuant vigoureusement. Ajouter les crevettes, l'oignon et le tofu et faire revenir quelques minutes pour bien réchauffer.

*soupe au tofu*

pour 4 personnes

*1,5 l / 2½ pt / 6 tasses de soupe au poulet*

*225 g de tofu coupé en dés*

*5 ml/1 cuillère à café de sel*

*5 ml/1 cuillère à café de sauce soja*

Portez le bouillon à ébullition et ajoutez le tofu, le sel et la sauce soja. Laisser mijoter quelques minutes jusqu'à ce que le tofu soit chaud.

*Soupe de tofu et poisson*

pour 4 personnes

*225 g de filets de poisson blanc coupés en lanières*
*150 ml/¼ pt/½ tasse généreuse de vin de riz ou de xérès sec*
*10 ml / 2 cuillères à café de racine de gingembre finement hachée*
*45 ml/3 cuillères à soupe de sauce soja*
*2,5 ml / ½ cuillère à café de sel*
*60 ml/4 cuillères à soupe d'huile d'arachide*
*2 oignons finement hachés*
*100 g/4 oz de champignons, tranchés*
*1,2 L / 2 points / 5 tasses de soupe au poulet*
*100 g de tofu, coupé en dés*
*sel et poivre fraîchement moulu*

Placez le poisson dans un bol. Incorporer le vin ou le xérès, le gingembre, la sauce soja et le sel et verser sur le poisson. Laisser macérer 30 minutes. Faites chauffer l'huile et faites revenir l'oignon pendant 2 minutes. Ajouter les champignons et poursuivre la cuisson jusqu'à ce que l'oignon soit tendre mais pas doré. Ajouter le poisson et la marinade, porter à ébullition, couvrir et laisser mijoter 5 minutes. Ajouter le bouillon, porter à ébullition, couvrir et laisser mijoter 15 minutes. Ajouter le tofu et assaisonner de sel et de poivre au goût. Cuire à feu doux jusqu'à ce que le tofu soit cuit.

*Soupe à la tomate*

pour 4 personnes

*400 g de tomates égouttées et hachées*
*1,2 L / 2 points / 5 tasses de soupe au poulet*
*1 tranche de racine de gingembre, hachée*
*15 ml/1 cuillère à soupe de sauce soja*
*15 ml/1 cuillère à soupe de sauce chili*
*10 ml/2 cuillères à café de sucre*

Mettez tous les ingrédients dans une casserole et portez à ébullition lentement en remuant de temps en temps. Faire bouillir environ 10 minutes avant de servir.

*Soupe de tomates et épinards*

pour 4 personnes

*1,2 L / 2 points / 5 tasses de soupe au poulet*

*225 g de tomates en conserve coupées en dés*

*225 g de tofu coupé en dés*

*225 g d'épinards*

*30 ml/2 cuillères à soupe de sauce soja*

*sel et poivre fraîchement moulu*

*2,5 ml/½ cuillère à café de sucre*

*2,5 ml/½ cuillère à café de vin de riz ou de xérès sec*

Portez le bouillon à ébullition, puis ajoutez les tomates, le tofu et les épinards et laissez mijoter 2 minutes. Ajoutez le reste des ingrédients, faites bouillir 2 minutes, puis mélangez bien et servez.

*soupe de navet*

pour 4 personnes

1 L / 1¾ pt / 4¼ tasses de bouillon de poulet

1 gros navet, tranché finement

200 g de porc maigre, tranché finement

15 ml/1 cuillère à soupe de sauce soja

60 ml / 4 cuillères à soupe de cognac

sel et poivre fraîchement moulu

4 échalotes, hachées finement

Portez le bouillon à ébullition, ajoutez les navets et le porc, couvrez et laissez mijoter 20 minutes, jusqu'à ce que les navets soient tendres et la viande tendre. Ajouter la sauce soja et assaisonner avec du cognac au goût. Faire bouillir chaud, parsemé d'échalotes, jusqu'au moment de servir.

*Potage*

pour 4 personnes

*6 champignons chinois séchés*
*1 l / 1¾ pt / 4¼ tasses de bouillon de légumes*
*50 g de pousses de bambou coupées en lanières*
*50 g de châtaignes d'eau coupées en tranches*
*8 pois mange-tout, tranchés*
*5 ml/1 cuillère à café de sauce soja*

Faites tremper les champignons dans l'eau tiède pendant 30 minutes, puis égouttez-les. Retirez les tiges et coupez le dessus en lanières. Ajoutez-le à la soupe aux pousses de bambou et aux châtaignes d'eau, puis portez à ébullition, couvrez et laissez cuire 10 minutes. Ajoutez les pois mange-tout et la sauce soja, couvrez et laissez cuire 2 minutes. Laisser reposer 2 minutes avant de servir.

*soupe végétarienne*

pour 4 personnes

*¼ de chou blanc*

*2 carottes*

*3 branches de céleri*

*2 oignons nouveaux (oignons)*

*30 ml/2 cuillères à soupe d'huile d'arachide*

*1,5 l / 2½ pt / 6 tasses d'eau*

*15 ml/1 cuillère à soupe de sauce soja*

*15 ml/1 cuillère à soupe de vin de riz ou de xérès sec*

*5 ml/1 cuillère à café de sel*

*poivre fraîchement moulu*

Coupez les légumes en lanières. Faites chauffer l'huile et faites revenir les légumes pendant 2 minutes jusqu'à ce qu'ils commencent à ramollir. Ajouter le reste des ingrédients, porter à ébullition, couvrir et laisser mijoter 15 minutes.

*soupe au raifort*

pour 4 personnes

*1 L / 1¾ pt / 4¼ tasses de bouillon de poulet*

*1 oignon finement haché*

*1 branche de céleri, hachée*

*225 g de cresson haché*

*sel et poivre fraîchement moulu*

Portez à ébullition le bouillon, l'oignon et le céleri, couvrez et laissez mijoter 15 minutes. Ajoutez le cresson, couvrez et laissez mijoter 5 minutes. Assaisonnez avec du sel et du poivre.

*Poisson frit aux légumes*

pour 4 personnes

4 champignons chinois séchés

4 poissons entiers, nettoyés et écaillés

huile de cuisine

30 ml / 2 cuillères à soupe de farine de maïs (amidon de maïs)

45 ml / 3 cuillères à soupe d'huile d'arachide (cacahuètes)

100 g de pousses de bambou coupées en lanières

50 g de châtaignes d'eau coupées en lamelles

50 g de bok choy haché

2 tranches de racine de gingembre, hachées

30 ml/2 cuillères à soupe de vin de riz ou de xérès sec

30 ml/2 cuillères à soupe d'eau

15 ml/1 cuillère à soupe de sauce soja

5 ml/1 cuillère à café de sucre

120 ml / 4 fl oz / ¬Ω tasse de jus de poisson

sel et poivre fraîchement moulu

¬Ω têtes de laitue hachées

15 ml / 1 cuillère à soupe de persil plat haché

Faites tremper les champignons dans l'eau tiède pendant 30 minutes, puis égouttez-les. Retirez les tiges et coupez le dessus. Couper le poisson en deux

farine de maïs et secouez l'excédent. Faites chauffer l'huile et faites frire le poisson pendant environ 12 minutes jusqu'à ce qu'il soit cuit. Égoutter sur du papier absorbant et réserver au chaud.

Faites chauffer l'huile et faites revenir les champignons, les pousses de bambou, les châtaignes d'eau et le chou pendant 3 minutes. Ajoutez le gingembre, le vin ou le xérès, 15 ml/1 cuillère à soupe d'eau, la sauce soja et le sucre et laissez cuire 1 minute. Ajouter le bouillon, saler et poivrer, porter à ébullition, couvrir et laisser mijoter 3 minutes. Mélangez la semoule de maïs avec le reste d'eau, ajoutez-la dans la casserole et faites cuire à feu doux en remuant jusqu'à ce que la sauce épaississe. Disposez la salade sur une assiette de service et déposez le poisson dessus. Verser sur les légumes et la sauce et servir garni de persil.

*Poisson frit entier*

à 4'6

*1 grosse perche ou poisson similaire*
*45 ml / 3 cuillères à soupe de farine de maïs (amidon de maïs)*
*45 ml / 3 cuillères à soupe d'huile d'arachide (cacahuètes)*
*1 oignon finement haché*
*2 gousses d'ail émincées*
*50 g de jambon coupé en lanières*
*100 g de crevettes décortiquées*
*15 ml/1 cuillère à soupe de sauce soja*
*15 ml/1 cuillère à soupe de vin de riz ou de xérès sec*
*5 ml/1 cuillère à café de sucre*
*5 ml/1 cuillère à café de sel*

Enrober le poisson de semoule de maïs. Faites chauffer l'huile et faites revenir l'oignon et l'ail jusqu'à ce qu'ils soient légèrement dorés. Ajouter le poisson et faire revenir jusqu'à ce qu'il soit doré des deux côtés. Transférer le poisson sur une feuille de papier d'aluminium dans une poêle et recouvrir de jambon et de crevettes. Ajoutez la sauce soja, le vin ou le xérès, le sucre et le sel dans la poêle et mélangez bien. Verser sur le poisson, couvrir de papier aluminium et cuire au four préchauffé à 150°C/niveau 2 pendant 20 minutes.

*graines de soja cuites à la vapeur dessus*

pour 4 personnes

*1 grosse perche ou poisson similaire*

*sel*

*50 g / 2 oz / ¬Ω tasse de farine nature (tout usage)*

*60 ml/4 cuillères à soupe d'huile d'arachide*

*3 tranches de racine de gingembre, hachées*

*3 échalotes (pelées), hachées finement*

*250 ml / 8 fl oz / 1 tasse d'eau*

*45 ml/3 cuillères à soupe de sauce soja*

*15 ml/1 cuillère à soupe de vin de riz ou de xérès sec*

*2,5 ml/¬Ω cuillère à café de sucre*

Nettoyez et lavez le poisson et placez-le en diagonale des deux côtés. Saupoudrer de sel et laisser reposer 10 minutes. Faites chauffer l'huile et faites frire le poisson jusqu'à ce qu'il soit doré des deux côtés, en le retournant une fois et en l'arrosant d'huile pendant la friture. Ajouter le gingembre, l'oignon nouveau, l'eau, la sauce soja, le vin ou le xérès et le sucre, porter à ébullition, couvrir et laisser mijoter 20 minutes jusqu'à ce que le poisson soit tendre. Servir chaud ou froid.

*Poisson de soja à la sauce d'huîtres*

pour 4 personnes

*1 grosse perche ou poisson similaire*
*sel*
*60 ml/4 cuillères à soupe d'huile d'arachide*
*3 échalotes (pelées), hachées finement*
*2 tranches de racine de gingembre, hachées*
*1 gousse d'ail écrasée*
*45 ml/3 cuillères à soupe de sauce aux huîtres*
*30 ml/2 cuillères à soupe de sauce soja*
*5 ml/1 cuillère à café de sucre*
*250 ml / 8 fl oz / 1 tasse de bouillon de poisson*

Le poisson est nettoyé, calibré et entaillé plusieurs fois en diagonale des deux côtés. Saupoudrer de sel et laisser reposer 10 minutes. Faites chauffer la majeure partie de l'huile et faites frire le poisson jusqu'à ce qu'il soit doré des deux côtés, en le retournant une fois. Pendant ce temps, faites chauffer le reste de l'huile dans une poêle à part et faites revenir doucement les oignons verts, le gingembre et l'ail. Ajoutez la sauce d'huîtres, la sauce soja et le sucre et faites revenir 1 minute. Ajouter le bouillon et porter à ébullition. Versez le mélange sur le poisson frit, portez à ébullition, couvrez et laissez cuire env.

15 minutes jusqu'à ce que le poisson soit cuit, en le retournant une à deux fois pendant la cuisson.

*sous la vapeur*

pour 4 personnes

*1 grosse perche ou poisson similaire*
*2,25 l / 4 points / 10 tasses d'eau*
*3 tranches de racine de gingembre, hachées*
*15 ml/1 cuillère à soupe de sel*
*15 ml/1 cuillère à soupe de vin de riz ou de xérès sec*
*30 ml/2 cuillères à soupe d'huile d'arachide*

Nettoyez et lavez le poisson et faites plusieurs coupes en diagonale des deux côtés. Portez l'eau à ébullition dans une grande casserole et ajoutez le reste des ingrédients. Plongez le poisson dans l'eau, couvrez bien, éteignez le feu et laissez reposer 30 minutes jusqu'à ce que le poisson soit tendre.

*Poisson vapeur aux champignons*

pour 4 personnes

*4 champignons chinois séchés*

*1 grosse carpe ou poisson similaire*

*sel*

*45 ml / 3 cuillères à soupe d'huile d'arachide (cacahuètes)*

*2 échalotes (ternes), hachées finement*

*1 tranche de racine de gingembre, hachée*

*3 gousses d'ail, émincées*

*100 g de pousses de bambou coupées en lanières*

*250 ml / 8 fl oz / 1 tasse de bouillon de poisson*

*30 ml/2 cuillères à soupe de sauce soja*

*15 ml/1 cuillère à soupe de vin de riz ou de xérès sec*

*2,5 ml/¬Ω cuillère à café de sucre*

Faites tremper les champignons dans l'eau tiède pendant 30 minutes, puis égouttez-les. Retirez les tiges et coupez le dessus. Coupez plusieurs fois les deux côtés du poisson en diagonale, saupoudrez de sel et laissez reposer 10 minutes. Faites chauffer l'huile et faites frire le poisson jusqu'à ce qu'il soit légèrement doré des deux côtés. Ajoutez l'oignon nouveau, le gingembre et l'ail et faites revenir pendant 2 minutes. Ajouter le reste des ingrédients, porter à ébullition, couvrir et laisser mijoter 15 minutes jusqu'à ce que le poisson soit tendre, en remuant une ou deux fois et en remuant de temps en temps.

*Poisson aigre-doux*

pour 4 personnes

*1 grosse perche ou poisson similaire*
*1 oeuf battu*
*50 g de farine de maïs (amidon de maïs)*
*Huile de friture*

Pour la sauce:

*15 ml/1 cuillère à soupe d'huile d'arachide*
*1 poivron vert coupé en lanières*
*100 g de morceaux d'ananas confits au sirop*
*1 oignon, coupé en rondelles*
*100 g / 4 oz / ¬Ω tasse de cassonade*
*60 ml/4 cuillères à soupe de bouillon de poulet*
*60 ml/4 cuillères à soupe de vinaigre de vin*
*15 ml / 1 cuillère à soupe de concentré de tomate (concentré)*
*15 ml / 1 cuillère à soupe de farine de maïs (amidon de maïs)*
*15 ml/1 cuillère à soupe de sauce soja*
*3 échalotes (pelées), hachées finement*

Nettoyez le poisson et retirez les nageoires et la tête si nécessaire. Badigeonner avec l'œuf battu puis avec le babeurre. Faites chauffer l'huile et faites bien revenir le poisson. Bien égoutter et réserver au chaud.

Pour préparer la sauce, faites chauffer l'huile et faites revenir les poivrons, l'ananas et l'oignon égouttés pendant 4 minutes. Ajouter 2 cuillères à soupe/30 ml de sirop d'ananas, le sucre, le bouillon, le vinaigre de vin, le concentré de tomate, la fécule de maïs et la sauce soja, puis porter à ébullition en remuant. Cuire à feu doux en remuant jusqu'à ce que la sauce soit diluée et épaissie. Verser sur le poisson et servir parsemé de ciboulette.

*Poisson farci au porc*

pour 4 personnes

*1 grosse carpe ou poisson similaire*

*sel*

*100 g de porc haché (émincé)*

*1 oignon nouveau (oignon), finement haché*

*4 tranches de racine de gingembre, hachées*

*15 ml / 1 cuillère à soupe de farine de maïs (amidon de maïs)*

*60 ml/4 cuillères à soupe de sauce soja*

*15 ml/1 cuillère à soupe de vin de riz ou de xérès sec*

*5 ml/1 cuillère à café de sucre*

*75 ml / 5 cuillères à soupe d'huile d'arachide (cacahuètes)*

*2 gousses d'ail émincées*

*1 oignon tranché*

*300 ml / ¬Ω pt / 1¬° tasse d'eau*

Le poisson est nettoyé, écaillé et saupoudré de sel. Mélangez le porc, les oignons nouveaux, un peu de gingembre, la fécule de maïs, 15 ml/1 cuillère à soupe de sauce soja, le vin ou le xérès et le sucre et farcissez le poisson. Faites chauffer l'huile et faites frire le poisson jusqu'à ce qu'il soit légèrement doré des deux côtés, puis retirez-le de la poêle et égouttez la majeure partie de l'huile. Ajouter le reste de l'ail et du gingembre et faire revenir jusqu'à ce qu'ils soient légèrement dorés. Ajouter le reste de sauce soja et l'eau, porter à ébullition et laisser mijoter 2 minutes. Remettez le poisson dans la poêle, couvrez et laissez mijoter environ 30 minutes jusqu'à ce que le poisson soit bien cuit, en le retournant une ou deux fois.

*carpe épicée cuite à la vapeur*

pour 4 personnes

*1 grosse carpe ou poisson similaire*
*150 ml / ¬° pt / ¬Ω tasse généreuse d'huile d'arachide*
*15 ml/1 cuillère à soupe de sucre*
*2 gousses d'ail, hachées finement*
*100 g / 4 oz de pousses de bambou, tranchées*
*150 ml / ¬° pt / ¬Ω généreuse tasse de soupe de poisson*
*15 ml/1 cuillère à soupe de vin de riz ou de xérès sec*
*15 ml/1 cuillère à soupe de sauce soja*
*2 échalotes (ternes), hachées finement*
*1 tranche de racine de gingembre, hachée*
*15 ml/1 cuillère à soupe de sel de vinaigre de vin*

Le poisson est nettoyé, écaillé et trempé dans l'eau froide pendant plusieurs heures. Égouttez et séchez, puis faites plusieurs entailles des deux côtés. Faites chauffer l'huile et faites frire le poisson des deux côtés. Retirer de la poêle, verser et réserver tout sauf 30 ml/2 cuillères à soupe d'huile. Ajoutez le sucre dans la casserole et remuez jusqu'à ce qu'il soit foncé. Ajoutez l'ail et les pousses de bambou et mélangez bien. Ajoutez le reste des ingrédients, portez à ébullition, puis remettez le poisson dans la casserole, couvrez et laissez mijoter environ 15 minutes, jusqu'à ce que le poisson soit cuit.

Disposez le poisson sur une assiette chauffée et versez la sauce dessus.

*ormeau mariné*

pour 4 personnes

450 g / 1 lb d'ormeau en conserve

45 ml/3 cuillères à soupe de sauce soja

30 ml/2 cuillères à soupe de vinaigre de vin

5 ml/1 cuillère à café de sucre

quelques gouttes d'huile de sésame

Égouttez l'ormeau et coupez-le en fines tranches ou en lanières. Mélangez le reste des ingrédients, versez sur l'ormeau et mélangez bien. Couvrir et réfrigérer 1 heure.

*pousses de bambou bouillies*

pour 4 personnes

*60 ml/4 cuillères à soupe d'huile d'arachide*
*225 g de pousses de bambou coupées en lanières*
*60 ml/4 cuillères à soupe de bouillon de poulet*
*15 ml/1 cuillère à soupe de sauce soja*
*5 ml/1 cuillère à café de sucre*
*5 ml / 1 cuillère à café de vin de riz ou de xérès sec*

Faites chauffer l'huile et faites frire les pousses de bambou pendant 3 minutes. Mélangez le bouillon, la sauce soja, le sucre et le vin ou le xérès et versez dans la poêle. Couvrir et laisser cuire à feu doux pendant 20 minutes. Laisser refroidir et refroidir avant de servir.

*Poulet aux concombres*

pour 4 personnes

*1 concombre, pelé et épépiné*
*225 g de poulet bouilli, coupé en lanières*
*5 ml/1 cuillère à café de moutarde en poudre*
*2,5 ml/¬Ω cuillère à café de sel*
*30 ml/2 cuillères à soupe de vinaigre de vin*

Coupez le concombre en lanières et disposez-les sur une assiette plate. Placer le poulet dessus. Mélangez la moutarde, le sel et le vinaigre de vin et versez sur le poulet juste avant de servir.

*poulet au sésame*

pour 4 personnes

*350 g / 12 oz de poulet cuit*
*120 ml / 4 fl oz / ½ tasse d'eau*
*5 ml/1 cuillère à café de moutarde en poudre*
*15 ml/1 cuillère à soupe de graines de sésame*
*2,5 ml/½ cuillère à café de sel*
*une pincée de sucre*
*45 ml/3 cuillères à soupe de coriandre fraîche hachée*
*5 échalotes, hachées finement*
*½ têtes de laitue hachées*

Coupez le poulet en fines lanières. On mélange suffisamment d'eau avec la moutarde pour obtenir une masse lisse et on la mélange avec le poulet. Faites griller les graines de sésame dans une poêle sèche jusqu'à ce qu'elles soient légèrement dorées, puis ajoutez-les au poulet et saupoudrez de sel et de sucre. Ajoutez la moitié du persil et de la ciboulette et mélangez bien. Disposer la salade sur un plat de service, garnir du mélange de poulet et garnir du persil restant.

*Litchi au gingembre*

pour 4 personnes

*1 grosse pastèque coupée en deux et épépinée*

*450 g de litchis en conserve égouttés*

*5 cm de tige de gingembre, tranchée*

*quelques feuilles de menthe*

Remplissez la moitié du melon de litchi et de gingembre, décorez d'une feuille de menthe. Refroidir avant de servir.

*Ailes de poulet bouillies rouges*

pour 4 personnes

*8 ailes de poulet*

*2 échalotes (ternes), hachées finement*

*75 ml/5 cuillères à soupe de sauce soja*

*120 ml / 4 fl oz / ¬Ω tasse d'eau*

*30 ml/2 cuillères à soupe de cassonade*

Coupez et jetez les extrémités des os des ailes de poulet et coupez-les en deux. Mettez-le dans une casserole avec les autres ingrédients, portez à ébullition, couvrez et laissez cuire à feu doux pendant 30 minutes. Retirez le couvercle et laissez cuire encore 15 minutes en remuant souvent. Laissez-le refroidir avant de servir, puis conservez-le au réfrigérateur.

*chair de crabe au concombre*

pour 4 personnes

*4 oz/100 g de chair de crabe, flocons*

*2 concombres, nettoyés et râpés*

*1 tranche de racine de gingembre, hachée*

*15 ml/1 cuillère à soupe de sauce soja*

*30 ml/2 cuillères à soupe de vinaigre de vin*

*5 ml/1 cuillère à café de sucre*

*quelques gouttes d'huile de sésame*

Mettez la chair de crabe et le concombre dans un bol. Mélangez le reste des ingrédients, versez sur le mélange de chair de crabe et mélangez bien. Couvrir et réfrigérer 30 minutes avant de servir.

*champignons marinés*

pour 4 personnes

*225 g de champignons*
*30 ml/2 cuillères à soupe de sauce soja*
*15 ml/1 cuillère à soupe de vin de riz ou de xérès sec*
*pincée de sel*
*quelques gouttes de sauce Tabasco*
*quelques gouttes d'huile de sésame*

Faites bouillir les champignons dans l'eau bouillante pendant 2 minutes, puis égouttez et séchez. Placez-le dans un bol et versez-le sur les autres ingrédients. Bien mélanger et conserver au réfrigérateur avant de servir.

*Champignons à l'ail mariné*

pour 4 personnes

*225 g de champignons*
*3 gousses d'ail, émincées*
*30 ml/2 cuillères à soupe de sauce soja*
*30 ml/2 cuillères à soupe de vin de riz ou de xérès sec*
*15 ml/1 cuillère à soupe d'huile de sésame*
*pincée de sel*

Placez les champignons et l'ail dans une passoire, versez dessus de l'eau bouillante et laissez-les reposer 3 minutes. Égoutter et bien sécher. Mélangez les autres ingrédients, versez la marinade sur les champignons et laissez mariner 1 heure.

*Crevettes et chou-fleur*

pour 4 personnes

*225 g / 8 oz Fleurons de chou-fleur*
*100 g de crevettes décortiquées*
*15 ml/1 cuillère à soupe de sauce soja*
*5 ml/1 cuillère à café d'huile de sésame*

Blanchir le chou-fleur pendant environ 5 minutes, jusqu'à ce qu'il soit tendre mais toujours croquant. Mélanger avec les crevettes, saupoudrer de sauce soja et d'huile de sésame, mélanger. Refroidir avant de servir.

*Bâtonnets de jambon aux graines de sésame*

pour 4 personnes

*225 g de jambon coupé en lanières*
*10 ml/2 cuillères à café de sauce soja*
*2,5 ml/½ cuillère à café d'huile de sésame*

Disposez le jambon sur une assiette de service. Mélangez la sauce soja et l'huile de sésame, saupoudrez de jambon et servez.

*tofu froid*

pour 4 personnes

*450 g de tofu coupé en tranches*
*45 ml/3 cuillères à soupe de sauce soja*
*45 ml / 3 cuillères à soupe d'huile d'arachide (cacahuètes)*
*poivre fraîchement moulu*

Placez quelques tranches de tofu dans une passoire, plongez-le dans l'eau bouillante pendant 40 secondes, puis égouttez-le et disposez-le sur une assiette. Laissez-le refroidir. Mélangez la sauce soja et l'huile, saupoudrez de tofu et servez saupoudré de poivre.

*Poulet au bacon*

pour 4 personnes

*225 g / 8 oz de poulet, coupé en tranches très fines*
*75 ml/5 cuillères à soupe de sauce soja*
*15 ml/1 cuillère à soupe de vin de riz ou de xérès sec*
*1 gousse d'ail écrasée*
*15 ml/1 cuillère à soupe de cassonade*
*5 ml/1 cuillère à café de sel*
*5 ml/1 cuillère à café de racine de gingembre moulue*
*8 onces/225 g de bacon maigre, coupé en dés*
*100 g de châtaignes d'eau tranchées très finement*
*30 ml/2 cuillères à soupe de miel*

Placer le poulet dans un bol. Mélangez 45 ml/3 cuillères à soupe de sauce soja avec du vin ou du xérès, de l'ail, du sucre, du sel et du gingembre, versez sur le poulet et laissez mariner env. pendant 3 heures. Disposez le poulet, les lardons et les marrons sur la brochette. Mélangez le reste de la sauce soja avec le miel et étalez-le sur le kebab. Faites griller les gâteaux sous un gril chaud pendant environ 10 minutes jusqu'à ce qu'ils soient bien cuits, en les retournant fréquemment et en les badigeonnant de glaçage supplémentaire pendant la cuisson.

*Frites au poulet et bananes*

pour 4 personnes

*2 poitrines de poulet bouillies*

*2 bananes dures*

*6 tranches de pain*

*4 œufs*

*120 ml / 4 fl oz / ¬Ω tasse de lait*

*50 g / 2 oz / ¬Ω tasse de farine nature (tout usage)*

*225 g / 8 oz / 4 tasses de chapelure fraîche*

*huile de cuisine*

Coupez le poulet en 24 morceaux. Épluchez les plantains et coupez-les en quartiers dans le sens de la longueur. Coupez chaque quartier en trois pour obtenir 24 morceaux. Retirez la croûte du pain et coupez-le en quartiers. Battez l'œuf et le lait et badigeonnez un côté du pain. Placez un morceau de poulet et un morceau de banane sur la face recouverte d'œuf de chaque morceau de pain. Saupoudrez les fins carrés de farine, puis trempez-les dans l'œuf et recouvrez-les de chapelure. Tremper à nouveau dans l'œuf et la chapelure. Faites chauffer l'huile et faites frire quelques carrés jusqu'à ce qu'ils soient dorés. Égoutter sur du papier absorbant avant de servir.

*Poulet au gingembre et champignons*

pour 4 personnes

*225 g de filets de poitrine de poulet*
*5 ml/1 cuillère à café de poudre aux cinq épices*
*15 ml / 1 cuillère à soupe de farine nature (tout usage)*
*120 ml / 4 fl oz / ¬Ω tasse d'huile d'arachide*
*4 échalotes, coupées en deux*
*1 gousse d'ail, tranchée*
*1 tranche de racine de gingembre, hachée*
*25 g / 1 oz / ¬° tasse de noix de cajou*
*5 ml/1 cuillère à café de miel*
*15 ml/1 cuillère à soupe de farine de riz*
*75 ml/5 cuillères à soupe de vin de riz ou de xérès sec*
*100 g de champignons coupés en quartiers*
*2,5 ml/¬Ω cuillère à café de curcuma*
*6 piments jaunes coupés en deux*
*5 ml/1 cuillère à café de sauce soja*
*¬Ω Jus de citron*
*sel et poivre*
*4 feuilles de laitue croustillantes*

Coupez la poitrine de poulet en diagonale dans le sens du grain en fines lanières. Saupoudrer de poudre aux cinq épices et enrober légèrement de farine. Faites chauffer 15 ml/1 cuillère à soupe d'huile et faites frire le poulet jusqu'à ce qu'il soit doré. Retirer de la poêle. Faites chauffer un filet d'huile et faites revenir les échalotes, l'ail, le gingembre et les noix de cajou pendant 1 minute. Ajouter le miel et remuer jusqu'à ce que les légumes soient enrobés. Saupoudrer de farine, puis ajouter du vin ou du xérès. Ajouter les champignons, le curcuma et le piment et cuire 1 minute. Ajoutez le poulet, la sauce soja, le jus d'un demi citron vert, le sel et le poivre, puis faites chauffer. Retirer de la poêle et réserver au chaud. Faites chauffer un filet d'huile, ajoutez les feuilles de salade et faites-les revenir rapidement, assaisonnez avec du sel, du poivre et le jus de citron restant.

*poulet et jambon*

pour 4 personnes

*225 g / 8 oz de poulet, coupé en tranches très fines*
*75 ml/5 cuillères à soupe de sauce soja*
*15 ml/1 cuillère à soupe de vin de riz ou de xérès sec*
*15 ml/1 cuillère à soupe de cassonade*
*5 ml/1 cuillère à café de racine de gingembre moulue*
*1 gousse d'ail écrasée*
*225 g de jambon cuit coupé en cubes*
*30 ml/2 cuillères à soupe de miel*

Placez le poulet dans un bol avec 45 ml/3 cuillères à soupe de sauce soja, du vin ou du xérès, du sucre, du gingembre et de l'ail. Laisser macérer 3 heures. Disposez le poulet et le jambon sur les brochettes de kebab. Mélangez le reste de la sauce soja avec le miel et étalez-le sur le kebab. Faites griller les gâteaux sous le grill chaud pendant environ 10 minutes en les retournant souvent et en les arrosant de glaçage pendant la cuisson.

*Foie de poulet grillé*

pour 4 personnes

*450 g / 1 lb de foie de poulet*
*45 ml/3 cuillères à soupe de sauce soja*
*15 ml/1 cuillère à soupe de vin de riz ou de xérès sec*
*15 ml/1 cuillère à soupe de cassonade*
*5 ml/1 cuillère à café de sel*
*5 ml/1 cuillère à café de racine de gingembre moulue*
*1 gousse d'ail écrasée*

Faire bouillir les foies de volaille dans l'eau bouillante pendant 2 minutes, puis bien les égoutter. Placez-le dans un bol avec tous les autres ingrédients sauf l'huile et laissez mariner environ 3 heures. Placer les foies de volaille sur une brochette de kebab et faire griller (grill) sous un grill chaud jusqu'à ce qu'ils soient dorés, environ 8 minutes.

*Boulettes de crabe aux châtaignes d'eau*

pour 4 personnes

*1 lb/450 g de chair de crabe, hachée*
*100 g de châtaignes d'eau hachées*
*1 gousse d'ail écrasée*
*1 cm/½ racine de gingembre tranchée, hachée*
*45 ml / 3 cuillères à soupe de farine de maïs (amidon de maïs)*
*30 ml/2 cuillères à soupe de sauce soja*
*15 ml/1 cuillère à soupe de vin de riz ou de xérès sec*
*5 ml/1 cuillère à café de sel*
*5 ml/1 cuillère à café de sucre*
*3 oeufs battus*
*huile de cuisine*

Mélanger tous les ingrédients sauf l'huile et former des boules. Faites chauffer l'huile et faites frire les boulettes de crabe jusqu'à ce qu'elles soient dorées. Bien égoutter avant de servir.

*Dim-Sum*

pour 4 personnes

*100 g de crevettes décortiquées, coupées en petits morceaux*

*225 g / 8 oz de porc maigre, haché finement*

*50 g de bok choy finement haché*

*3 échalotes (pelées), hachées finement*

*1 oeuf battu*

*30 ml / 2 cuillères à soupe de farine de maïs (amidon de maïs)*

*10 ml/2 cuillères à café de sauce soja*

*5 ml/1 cuillère à café d'huile de sésame*

*5 ml/1 cuillère à café de sauce aux huîtres*

*24 peaux de wonton*

*huile de cuisine*

Incorporer les crevettes, le porc, le chou et les oignons verts. Mélangez l'œuf, l'huile, la sauce soja, l'huile de sésame et la sauce d'huître. Étalez le mélange au centre de chaque peau de wonton. Appuyez délicatement sur le papier d'aluminium autour de la garniture afin que les bords soient ensemble mais que le dessus reste ouvert. Faites chauffer l'huile et faites frire les dim sum plusieurs fois jusqu'à ce qu'ils soient dorés. Bien les égoutter et servir chaud.

*Rouleaux de poulet et jambon*

pour 4 personnes

*2 poitrines de poulet*

*1 gousse d'ail écrasée*

*2,5 ml/¬Ω cuillère à café de sel*

*2,5 ml / ¬Ω cuillère à café de poudre aux cinq épices*

*4 tranches de jambon cuit*

*1 oeuf battu*

*30 ml/2 cuillères à soupe de lait*

*25 g / 1 oz / ¬° tasse de farine nature (tout usage)*

*Coquilles de 4 rouleaux*

*huile de cuisine*

Coupez la poitrine de poulet en deux. Battez-les jusqu'à ce qu'ils soient très lisses. Mélangez l'ail, le sel et la poudre aux cinq épices et saupoudrez sur le poulet. Placez une tranche de jambon sur chaque morceau de poulet et roulez-le bien. Mélangez l'œuf et le lait. Saupoudrez finement les morceaux de poulet dans la farine, puis trempez-les dans le mélange aux œufs. Disposez chaque morceau sur la peau d'un rouleau et badigeonnez les bords avec l'œuf battu. Pliez les côtés, puis roulez en pinçant les bords pour sceller. Faites chauffer l'huile et faites frire les petits pains jusqu'à ce qu'ils soient dorés en 5 minutes environ.

faire revenir jusqu'à ce qu'il soit doré, égoutter sur du papier absorbant, puis couper en tranches épaisses en diagonale et servir.

*Pousses de jambon rôties*

pour 4 personnes

*350 g de farine (tout usage)*
*175 g / 6 oz / ¬œ tasse de beurre*
*120 ml / 4 fl oz / ¬Ω tasse d'eau*
*225 g de jambon haché*
*100 g de pousses de bambou hachées*
*2 échalotes (ternes), hachées finement*
*15 ml/1 cuillère à soupe de sauce soja*
*30 ml/2 cuillères à soupe de graines de sésame*

Mettez la farine dans un bol et émiettez le beurre. Mélanger avec de l'eau pour former une pâte. Étalez la pâte et coupez-la en cercles de 5 cm, mélangez les autres ingrédients sauf les graines de sésame et déposez-en une cuillerée sur chaque cercle. Badigeonner les bords de la pâte d'eau et sceller. Badigeonner l'extérieur d'eau et saupoudrer de graines de sésame. Cuire au four préchauffé à 180C/350F/thermostat 4 pendant 30 minutes.

*poisson pseudo-fumé*

pour 4 personnes

*1 bar*

*3 tranches de racine de gingembre, tranchées*

*1 gousse d'ail écrasée*

*1 oignon nouveau (oignon), tranché épaisse*

*75 ml/5 cuillères à soupe de sauce soja*

*30 ml/2 cuillères à soupe de vin de riz ou de xérès sec*

*2,5 ml/¬Ω cuillère à café d'anis moulu*

*2,5 ml/¬Ω cuillère à café d'huile de sésame*

*10 ml/2 cuillères à café de sucre*

*120 ml / 4 fl oz / ¬Ω tasse de bouillon*

*huile de cuisine*

*5 ml / 1 cuillère à café de farine de maïs (amidon de maïs)*

Nettoyez le poisson et coupez-le en tranches de 5 mm dans le sens du grain. Incorporer le gingembre, l'ail, la ciboule, 60 ml/4 cuillères à soupe de sauce soja, le xérès, l'anis et l'huile de sésame. Versez sur le poisson et mélangez délicatement. Laissez reposer 2 heures en le retournant de temps en temps.

Égoutter la marinade dans une casserole et sécher le poisson sur du papier absorbant. Ajouter le sucre, le bouillon et le reste de la sauce soja

marinade, porter à ébullition et laisser mijoter 1 minute. Si vous avez besoin d'épaissir la sauce, mélangez la fécule de maïs avec un peu d'eau froide, incorporez-la à la sauce et faites cuire en remuant jusqu'à ce que la sauce épaississe.

Pendant ce temps, faites chauffer l'huile et faites frire le poisson jusqu'à ce qu'il soit doré. Bien égoutter. Trempez les morceaux de poisson dans la marinade, puis disposez-les sur une assiette de service chaude. Servir chaud ou froid.

*Champignons farcis*

pour 4 personnes

*12 gros chapeaux de champignons séchés*
*225 g / 8 onces de chair de crabe*
*3 châtaignes d'eau hachées*
*2 échalotes (ternes), hachées finement*
*1 blanc d'oeuf*
*15 ml / 1 cuillère à soupe de farine de maïs (amidon de maïs)*
*15 ml/1 cuillère à soupe de sauce soja*
*15 ml/1 cuillère à soupe de vin de riz ou de xérès sec*

Faire tremper les champignons dans l'eau tiède toute la nuit. Presser pour sécher. Mélangez les autres ingrédients et remplissez les chapeaux de champignons. Placer sur un grill et cuire à la vapeur pendant 40 minutes. Il est servi chaud.

*Champignons à la sauce d'huîtres*

pour 4 personnes

*10 champignons chinois séchés*
*250 ml / 8 fl oz / 1 tasse de bouillon de bœuf*
*15 ml / 1 cuillère à soupe de farine de maïs (amidon de maïs)*
*30 ml / 2 cuillères à soupe de sauce aux huîtres*
*5 ml / 1 cuillère à café de vin de riz ou de xérès sec*

Faites tremper les champignons dans l'eau tiède pendant 30 minutes, puis égouttez-les et réservez 250 ml/8 fl oz/1 tasse de liquide de trempage. Jetez les tiges. Mélangez 60 ml/4 cuillères à soupe de bouillon de bœuf avec la maïzena pour former une pâte. Faire bouillir le reste du bouillon de bœuf avec les champignons et le liquide des champignons, couvrir et laisser mijoter 20 minutes. Retirez les champignons du liquide avec une écumoire et placez-les sur une assiette chaude. Ajouter la sauce aux huîtres et le xérès dans la poêle et cuire en remuant pendant 2 minutes. Ajouter la pâte de semoule de maïs et laisser mijoter en remuant jusqu'à ce que la sauce épaississe. Verser sur les champignons et servir ensemble.

*Rouleau de porc et salade*

pour 4 personnes

*4 champignons chinois séchés*
*15 ml/1 cuillère à soupe d'huile d'arachide*
*225 g / 8 oz de porc maigre, haché*
*100 g de pousses de bambou hachées*
*100 g de châtaignes d'eau hachées*
*4 échalotes (pelées), hachées finement*
*175 g de chair de crabe, émiettée*
*30 ml/2 cuillères à soupe de vin de riz ou de xérès sec*
*15 ml/1 cuillère à soupe de sauce soja*
*10 ml / 2 cuillères à café de sauce aux huîtres*
*10 ml / 2 cuillères à café d'huile de sésame*
*9 caractères chinois*

Faites tremper les champignons dans l'eau tiède pendant 30 minutes, puis égouttez-les. Retirez les tiges et coupez le dessus. Faites chauffer l'huile et faites revenir le porc pendant 5 minutes. Ajoutez les champignons, les pousses de bambou, les châtaignes d'eau, la ciboule et la chair de crabe et faites revenir 2 minutes. Mélangez le vin ou le xérès, la sauce soja, la sauce aux huîtres et l'huile de sésame et remuez dans la poêle. Retirer du feu. Pendant ce temps, faites bouillir les feuilles de chinois dans l'eau bouillante pendant 1 minute, puis

défiler vers le bas. Placez une cuillerée de mélange de porc au centre de chaque feuille, repliez-la sur les côtés, puis roulez-la pour servir.

*Boulettes de porc et châtaignes*

pour 4 personnes

*450 g de porc haché (haché)*
*50 g de champignons finement hachés*
*50 g de châtaignes d'eau hachées finement*
*1 gousse d'ail écrasée*
*1 oeuf battu*
*30 ml/2 cuillères à soupe de sauce soja*
*15 ml/1 cuillère à soupe de vin de riz ou de xérès sec*
*5 ml/1 cuillère à café de racine de gingembre moulue*
*5 ml/1 cuillère à café de sucre*
*sel*
*30 ml / 2 cuillères à soupe de farine de maïs (amidon de maïs)*
*huile de cuisine*

Mélangez tous les ingrédients sauf la farine de maïs et formez des boules de pâte. Il est roulé dans de la semoule de maïs. Faites chauffer l'huile et faites frire les boulettes de viande jusqu'à ce qu'elles soient dorées en 10 minutes environ. Bien égoutter avant de servir.

*Dumplings au porc*

à 4'6

*450 g de farine nature (tout usage)*
*500 ml / 17 fl oz / 2 tasses d'eau*
*450 g de porc cuit, haché*
*225 g de crevettes décortiquées, coupées en petits morceaux*
*4 branches de céleri, hachées finement*
*15 ml/1 cuillère à soupe de sauce soja*
*15 ml/1 cuillère à soupe de vin de riz ou de xérès sec*
*15 ml/1 cuillère à soupe d'huile de sésame*
*5 ml/1 cuillère à café de sel*
*2 échalotes (ternes), hachées finement*
*2 gousses d'ail émincées*
*1 tranche de racine de gingembre, hachée*

Mélanger la farine et l'eau jusqu'à obtenir une pâte lisse et bien pétrir. Couvrir et laisser reposer 10 minutes. Abaissez la pâte le plus finement possible et coupez-la en cercles de 5 cm, mélangez les autres ingrédients. Déposez une cuillerée du mélange dans chaque cercle, humidifiez les bords et fermez en demi-cercle. Portez une casserole d'eau à ébullition, puis placez délicatement les boulettes de viande dans l'eau.

*Rôti de porc et de bœuf*

pour 4 personnes

*100 g de porc haché (émincé)*
*100 g de bœuf haché (émincé)*
*1 tranche de bacon, haché finement (moulu)*
*15 ml/1 cuillère à soupe de sauce soja*
*sel et poivre*
*1 oeuf battu*
*30 ml / 2 cuillères à soupe de farine de maïs (amidon de maïs)*
*huile de cuisine*

Mélangez le bœuf haché et le bacon et assaisonnez de sel et de poivre. Il est mélangé à l'œuf, façonné en boules de la taille d'une noix et saupoudré de farine de maïs. Faites chauffer l'huile et faites-la frire jusqu'à ce qu'elle soit dorée. Bien égoutter avant de servir.

*Crevette papillon*

pour 4 personnes

*450 g de grosses crevettes décortiquées*
*15 ml/1 cuillère à soupe de sauce soja*
*5 ml / 1 cuillère à café de vin de riz ou de xérès sec*
*5 ml/1 cuillère à café de racine de gingembre moulue*
*2,5 ml/½ cuillère à café de sel*
*2 oeufs battus*
*30 ml / 2 cuillères à soupe de farine de maïs (amidon de maïs)*
*15 ml / 1 cuillère à soupe de farine nature (tout usage)*
*huile de cuisine*

Coupez les crevettes au centre du dos et étalez-les pour former un papillon. Incorporer la sauce soja, le vin ou le xérès, le gingembre et le sel. Verser sur les crevettes et laisser mariner 30 minutes. Retirer de la marinade et égoutter. Battez l'œuf avec la fécule de maïs et la farine jusqu'à formation d'une pâte, puis plongez les crevettes dans la pâte. Faites chauffer l'huile et faites frire les crevettes jusqu'à ce qu'elles soient dorées. Bien égoutter avant de servir.

*Crevettes chinoises*

pour 4 personnes

*450 g / 1 lb de crevettes non décortiquées*
*30 ml/2 cuillères à soupe de sauce Worcestershire*
*15 ml/1 cuillère à soupe de sauce soja*
*15 ml/1 cuillère à soupe de vin de riz ou de xérès sec*
*15 ml/1 cuillère à soupe de cassonade*

Placez les crevettes dans un bol. Mélanger les autres ingrédients, verser sur les crevettes et laisser mariner 30 minutes. Placer sur une plaque à pâtisserie et cuire au four préchauffé à 150°C/300°F/thermostat 2 pendant 25 minutes. Il est servi chaud ou froid dans sa coquille pour que les convives soient ravis.

*Biscuits aux crevettes*

pour 4 personnes

*100 g de craquelins aux crevettes*
*huile de cuisine*

Faites chauffer l'huile très chaude. Ajoutez une poignée de craquelins de crevettes à la fois et faites frire pendant quelques secondes jusqu'à ce qu'ils soient gonflés. Retirez-les de l'huile et laissez-les égoutter sur du papier absorbant pendant que vous poursuivez la cuisson des biscuits.

*crevettes croustillantes*

*pour 4 personnes*

*450 g / 1 lb de crabe tigré décortiqué*

*15 ml/1 cuillère à soupe de vin de riz ou de xérès sec*

*10 ml/2 cuillères à café de sauce soja*

*5 ml/1 cuillère à café de poudre aux cinq épices*

*sel et poivre*

*90 ml / 6 cuillères à soupe de farine de maïs (amidon de maïs)*

*2 oeufs battus*

*100 g de chapelure*

*huile d'arachide pour la friture*

Assaisonnez les crevettes avec du vin ou du xérès, de la sauce soja et de la poudre de cinq épices, puis assaisonnez de sel et de poivre. Trempez-les dans la farine de maïs, puis badigeonnez-les d'œuf battu et de chapelure. Faites-les revenir quelques minutes dans l'huile bouillante jusqu'à ce qu'ils soient légèrement dorés, puis égouttez-les et servez aussitôt.

*Crevettes sauce gingembre*

pour 4 personnes

*15 ml/1 cuillère à soupe de sauce soja*
*5 ml / 1 cuillère à café de vin de riz ou de xérès sec*
*5 ml/1 cuillère à café d'huile de sésame*
*450 g / 1 lb de crevettes décortiquées*
*30 ml/2 cuillères à soupe de persil frais haché*
*15 ml/1 cuillère à soupe de vinaigre de vin*
*5 ml/1 cuillère à café de racine de gingembre moulue*

Incorporer la sauce soja, le vin ou le xérès et l'huile de sésame. Verser sur les crevettes, couvrir et laisser mariner 30 minutes. Faites griller les crevettes quelques minutes jusqu'à ce qu'elles soient cuites, puis badigeonnez-les de marinade. Pendant ce temps, mélangez le persil, le vinaigre de vin et le gingembre avec les crevettes.

*Rouleaux de pâtes et crevettes*

pour 4 personnes

*50 g de pâtes aux œufs cassées en morceaux*
*15 ml/1 cuillère à soupe d'huile d'arachide*
*50 g de porc maigre, finement haché*
*100 g de champignons finement hachés*
*3 échalotes (pelées), hachées finement*
*100 g de crevettes décortiquées, coupées en petits morceaux*
*15 ml/1 cuillère à soupe de vin de riz ou de xérès sec*
*sel et poivre*
*24 peaux de wonton*
*1 oeuf battu*
*huile de cuisine*

Faites bouillir les pâtes dans l'eau bouillante pendant 5 minutes, puis égouttez-les et coupez-les en petits morceaux. Faites chauffer l'huile et faites revenir le porc pendant 4 minutes. Ajoutez les champignons et les oignons et faites revenir 2 minutes, puis retirez du feu. Ajoutez les crevettes, le vin ou le xérès et les pâtes et assaisonnez avec du sel et du poivre au goût. Placer un morceau de pâte au centre de chaque coquille de wonton et badigeonner les bords d'œuf battu. Pliez les bords, puis enroulez le papier d'emballage et scellez les bords. Faites chauffer l'huile et faites frire les petits pains pendant un moment

quelques-uns à la fois, pendant environ 5 minutes, jusqu'à ce qu'ils soient dorés. Égoutter sur du papier absorbant avant de servir.

*Toasts aux crevettes*

pour 4 personnes

*2 œufs 450g / 1 lb. crevettes, nettoyées, hachées*
*15 ml / 1 cuillère à soupe de farine de maïs (amidon de maïs)*
*1 oignon finement haché*
*30 ml/2 cuillères à soupe de sauce soja*
*15 ml/1 cuillère à soupe de vin de riz ou de xérès sec*
*5 ml/1 cuillère à café de sel*
*5 ml/1 cuillère à café de racine de gingembre moulue*
*8 tranches de pain coupées en triangles*
*huile de cuisine*

Mélangez 1 œuf avec le reste des ingrédients sauf le pain et l'huile. Versez le mélange sur les triangles de pain et pressez-les en forme de dôme. Badigeonner avec le reste de l'œuf. Faites chauffer environ 5 cm d'huile et faites frire les triangles de pain jusqu'à ce qu'ils soient dorés. Bien égoutter avant de servir.

*Wontons de porc et de crabe avec sauce aigre-douce*

*pour 4 personnes*

*120 ml / 4 fl oz / ½ tasse d'eau*
*60 ml/4 cuillères à soupe de vinaigre de vin*
*60 ml/4 cuillères à soupe de cassonade*
*30 ml / 2 cuillères à soupe de concentré de tomate (pâte)*
*10 ml / 2 cuillères à café de farine de maïs (amidon de maïs)*
*25 g/1 once de champignons, hachés*
*25 g/1 oz de crevettes, décortiquées et hachées*
*50 g / 2 oz de porc maigre, haché*
*2 échalotes (ternes), hachées finement*
*5 ml/1 cuillère à café de sauce soja*
*2,5 ml/½ cuillère à café de racine de gingembre râpée*
*1 gousse d'ail écrasée*
*24 peaux de wonton*
*huile de cuisine*

Dans une casserole, mélanger l'eau, le vinaigre de vin, le sucre, le concentré de tomate et la farine de maïs. Porter à ébullition en remuant constamment, puis laisser mijoter 1 minute. Retirer du feu et réserver au chaud.

Incorporer les champignons, les crevettes, le porc, le thé vert, la sauce soja, le gingembre et l'ail. Déposer une cuillerée de farce dans chaque peau, badigeonner les bords d'eau et presser. Faites chauffer l'huile et faites frire les wontons un par un jusqu'à ce qu'ils soient dorés. Égouttez-les sur du papier absorbant et servez chaud avec une sauce aigre-douce.

*Soupe au poulet*

Rendement : 2 litres / 3½ pt / 8½ tasses

*1,5 kg d'os de poulet bouillis ou crus*
*450 g/1 lb d'os de porc*
*1 cm / ½ morceau de racine de gingembre*
*3 oignons nouveaux (oignons), tranchés*
*1 gousse d'ail écrasée*
*5 ml/1 cuillère à café de sel*
*2,25 litres / 4 points / 10 tasses d'eau*

Portez tous les ingrédients à ébullition, couvrez et laissez mijoter 15 minutes. Coupez le gras. Couvrir et cuire à feu doux pendant 1h30. Filtrer, refroidir et dégraisser. Congeler en petites quantités ou réfrigérer et utiliser dans les 2 jours.

*Soupe au porc et aux germes de soja*

pour 4 personnes

*450 g de porc, coupé en dés*
*1,5 l / 2½ pt / 6 tasses de soupe au poulet*
*5 tranches de racine de gingembre*
*350 g de germes de soja*
*15 ml/1 cuillère à soupe de sel*

Faites bouillir le porc 10 minutes dans de l'eau bouillante, puis égouttez-le. Portez le bouillon à ébullition et ajoutez le porc et le gingembre. Couvrir et laisser cuire à feu doux pendant 50 minutes. Ajoutez les germes de soja, salez et laissez cuire 20 minutes.

*Soupe d'ormeaux et de champignons*

pour 4 personnes

*60 ml/4 cuillères à soupe d'huile d'arachide*
*100 g de porc maigre, coupé en lanières*
*225 g d'ormeaux en conserve, coupés en lanières*
*100 g/4 oz de champignons, tranchés*
*2 branches de céleri, tranchées*
*50 g de jambon coupé en lanières*
*2 oignons finement hachés*
*1,5 l / 2½ pt / 6 tasses d'eau*
*30 ml/2 cuillères à soupe de vinaigre de vin*
*45 ml/3 cuillères à soupe de sauce soja*
*2 tranches de racine de gingembre, hachées*
*sel et poivre fraîchement moulu*
*15 ml / 1 cuillère à soupe de farine de maïs (amidon de maïs)*
*45 ml/3 cuillères à soupe d'eau*

Faites chauffer l'huile et faites revenir le porc, les ormeaux, les champignons, le céleri, le jambon et l'oignon pendant 8 minutes. Ajoutez l'eau et le vinaigre de vin, portez à ébullition, couvrez et laissez mijoter 20 minutes. Ajouter la sauce soja, le gingembre, le sel et le poivre. Mélangez la farine de maïs jusqu'à obtenir une pâte

eau, mélanger avec la soupe et faire bouillir pendant 5 minutes, en remuant, jusqu'à ce que la soupe devienne claire et épaississe.

*Soupe au poulet et asperges*

pour 4 personnes

*100 g de poulet émincé*

*2 blancs d'œufs*

*2,5 ml / ½ cuillère à café de sel*

*30 ml / 2 cuillères à soupe de farine de maïs (amidon de maïs)*

*225 g d'asperges coupées en 2 morceaux de 5 cm*

*100 g de germes de soja*

*1,5 l / 2½ pt / 6 tasses de soupe au poulet*

*100 g de champignons*

Mélangez le poulet avec le blanc d'œuf, le sel et la fécule de maïs, puis laissez reposer 30 minutes. Faites cuire le blanc de poulet dans l'eau bouillante pendant 10 minutes, puis égouttez-le bien. Faites bouillir les asperges dans l'eau bouillante pendant 2 minutes, puis égouttez-les. Blanchir les germes de soja dans l'eau bouillante pendant 3 minutes, puis égoutter. Versez le bouillon dans une grande casserole et ajoutez le poulet, les asperges, les champignons et les germes de soja. Porter à ébullition et saler au goût. Cuire quelques minutes pour laisser les saveurs se développer et jusqu'à ce que les légumes soient tendres mais toujours croquants.

*Soupe de boeuf*

pour 4 personnes

*225 g de viande hachée (hachée)*
*15 ml/1 cuillère à soupe de sauce soja*
*15 ml/1 cuillère à soupe de vin de riz ou de xérès sec*
*15 ml / 1 cuillère à soupe de farine de maïs (amidon de maïs)*
*1,2 L / 2 points / 5 tasses de soupe au poulet*
*5 ml/1 cuillère à café de sauce chili*
*sel et poivre*
*2 oeufs battus*
*6 oignons nouveaux (oignons), finement hachés*

Mélangez la viande avec la sauce soja, le vin ou le xérès et la fécule de maïs. Ajouter au bouillon et porter progressivement à ébullition en remuant. Ajoutez la sauce chili, salez et poivrez au goût, couvrez et laissez mijoter environ 10 minutes en remuant de temps en temps. Ajouter l'œuf et servir parsemé de ciboulette.

*Soupe chinoise au bœuf et aux feuilles*

pour 4 personnes

*200 g de viande maigre coupée en lanières*
*15 ml/1 cuillère à soupe de sauce soja*
*15 ml/1 cuillère à soupe d'huile d'arachide*
*1,5 l / 2½ pt / 6 tasses de bouillon de bœuf*
*5 ml/1 cuillère à café de sel*
*2,5 ml/½ cuillère à café de sucre*
*½ tête de feuille de Chine, coupée en morceaux*

Mélangez la viande avec la sauce soja et l'huile, puis laissez mariner 30 minutes en remuant de temps en temps. Portez à ébullition le bouillon avec le sel et le sucre, ajoutez les feuilles de chinois et laissez mijoter environ 10 minutes jusqu'à ébullition. Ajoutez la viande et laissez cuire encore 5 minutes.

*Soupe aux choux*

pour 4 personnes

*60 ml/4 cuillères à soupe d'huile d'arachide*
*2 oignons finement hachés*
*100 g de porc maigre, coupé en lanières*
*225 g de bok choy, haché*
*10 ml/2 cuillères à café de sucre*
*1,2 L / 2 points / 5 tasses de soupe au poulet*
*45 ml/3 cuillères à soupe de sauce soja*
*sel et poivre*
*15 ml / 1 cuillère à soupe de farine de maïs (amidon de maïs)*

Faites chauffer l'huile et faites revenir l'oignon et le porc jusqu'à ce qu'ils soient légèrement dorés. Ajoutez le chou et le sucre et faites revenir 5 minutes. Ajouter le bouillon et la sauce soja et assaisonner de sel et de poivre au goût. Portez à ébullition, couvrez et laissez mijoter 20 minutes. Mélangez la maïzena avec un peu d'eau, ajoutez-la à la soupe et faites cuire en remuant jusqu'à ce que la soupe épaississe et s'éclaircisse.

*Soupe de boeuf épicée*

pour 4 personnes

*45 ml / 3 cuillères à soupe d'huile d'arachide (cacahuètes)*

*1 gousse d'ail écrasée*

*5 ml/1 cuillère à café de sel*

*225 g de viande hachée (hachée)*

*6 oignons nouveaux (oignons), coupés en lanières*

*1 poivron rouge coupé en lanières*

*1 poivron vert coupé en lanières*

*225 g de chou haché*

*1 L / 1¾ pt / 4¼ tasses de bouillon de bœuf*

*30 ml/2 cuillères à soupe de sauce aux prunes*

*30 ml/2 cuillères à soupe de sauce hoisin*

*45 ml/3 cuillères à soupe de sauce soja*

*2 branches de gingembre hachées*

*2 oeufs*

*5 ml/1 cuillère à café d'huile de sésame*

*8 onces/225 g de pâte transparente, trempée*

Faites chauffer l'huile et faites revenir l'ail et le sel jusqu'à ce qu'ils soient légèrement dorés. Ajoutez la viande et faites-la dorer rapidement. Ajoutez les légumes et faites-les revenir jusqu'à ce qu'ils deviennent transparents. Ajouter le bouillon, la sauce aux prunes, la sauce hoisin, 30 ml/2

cuillères à soupe de sauce soja et de gingembre, porter à ébullition et cuire 10 minutes. Battez les œufs avec l'huile de sésame et le reste de la sauce soja. Ajoutez-le à la soupe avec les pâtes et faites cuire en remuant jusqu'à ce que l'œuf soit pris et que les pâtes soient tendres.

## soupe céleste

pour 4 personnes

*2 échalotes (ternes), hachées finement*
*1 gousse d'ail écrasée*
*30 ml/2 cuillères à soupe de persil frais haché*
*5 ml/1 cuillère à café de sel*
*15 ml/1 cuillère à soupe d'huile d'arachide*
*30 ml/2 cuillères à soupe de sauce soja*
*1,5 l / 2½ pt / 6 tasses d'eau*

Incorporer la ciboulette, l'ail, le persil, le sel, l'huile et la sauce soja. Faire bouillir l'eau, verser dessus le mélange de ciboulette et laisser reposer 3 minutes.

*Soupe au poulet et pousses de bambou*

pour 4 personnes

*2 cuisses de poulet*
*30 ml/2 cuillères à soupe d'huile d'arachide*
*5 ml / 1 cuillère à café de vin de riz ou de xérès sec*
*1,5 l / 2½ pt / 6 tasses de soupe au poulet*
*3 ciboulette, tranchée*
*100 g de pousses de bambou coupées en dés*
*5 ml/1 cuillère à café de racine de gingembre moulue*
*sel*

Désossez le poulet et coupez la viande en cubes. Faites chauffer l'huile et faites frire la poitrine de poulet de tous les côtés. Ajouter le bouillon, le thé vert, les pousses de bambou et le gingembre, porter à ébullition et laisser mijoter environ 20 minutes jusqu'à ce que le poulet soit tendre. Ajoutez du sel au goût avant de servir.

*Soupe au poulet et au maïs*

pour 4 personnes

*1 L / 1¾ pt / 4¼ tasses de bouillon de poulet*
*100 g de poulet, coupé en dés*
*200 g de crème de maïs sucrée*
*tranche de jambon haché*
*oeuf battu*
*15 ml/1 cuillère à soupe de vin de riz ou de xérès sec*

Portez à ébullition le bouillon et le poulet, couvrez et laissez mijoter 15 minutes. Ajoutez le maïs doux et le jambon, couvrez et laissez mijoter 5 minutes. Ajoutez l'œuf et le xérès en remuant doucement avec un cure-dent pour que les œufs forment des ficelles. Retirer du feu, couvrir et laisser reposer 3 minutes avant de servir.

*Soupe de poulet au gingembre*

pour 4 personnes

*4 champignons chinois séchés*
*1,5 L / 2½ pt / 6 tasses d'eau ou de bouillon de poulet*
*8 onces/225 g de poulet, coupé en dés*
*10 tranches de racine de gingembre*
*5 ml / 1 cuillère à café de vin de riz ou de xérès sec*
*sel*

Faites tremper les champignons dans l'eau tiède pendant 30 minutes, puis égouttez-les. Jetez les tiges. Portez l'eau ou le bouillon à ébullition avec le reste des ingrédients et laissez mijoter environ 20 minutes jusqu'à ce que le poulet soit cuit.

*Soupe chinoise au poulet et aux champignons*

pour 4 personnes

*25 g / 1 oz de champignons chinois séchés*
*100 g de poulet émincé*
*50 g de pousses de bambou hachées*
*30 ml/2 cuillères à soupe de sauce soja*
*30 ml/2 cuillères à soupe de vin de riz ou de xérès sec*
*1,2 L / 2 points / 5 tasses de soupe au poulet*

Faites tremper les champignons dans l'eau tiède pendant 30 minutes, puis égouttez-les. Retirez les tiges et coupez le dessus. Blanchir les champignons, le poulet et les pousses de bambou dans l'eau bouillante pendant 30 secondes, puis égoutter. Placez-les dans un bol et ajoutez la sauce soja et le vin ou le xérès. Laisser macérer 1 heure. Portez le bouillon à ébullition, ajoutez le mélange de poulet et la marinade. Bien mélanger et cuire quelques minutes jusqu'à ce que le poulet soit tendre.

*Soupe au poulet et riz*

pour 4 personnes

*1 L / 1¾ pt / 4¼ tasses de bouillon de poulet*

*225 g / 8 oz / 1 tasse de riz à grains longs cuit*

*4 oz/100 g de poulet cuit, coupé en lanières*

*1 oignon, coupé en rondelles*

*5 ml/1 cuillère à café de sauce soja*

Chauffez soigneusement tous les ingrédients jusqu'à ce qu'ils soient chauds sans laisser bouillir la soupe.

*Soupe au poulet et à la noix de coco*

pour 4 personnes

*350 g de poitrine de poulet*

*sel*

*10 ml / 2 cuillères à café de farine de maïs (amidon de maïs)*

*30 ml/2 cuillères à soupe d'huile d'arachide*

*1 piment vert, haché*

*1 L / 1¾ pt / 4¼ tasses de lait de coco*

*5 ml/1 cuillère à café de zeste de citron râpé*

*12 litchis*

*une pincée de muscade râpée*

*sel et poivre fraîchement moulu*

*2 feuilles de citronnelle*

Coupez la poitrine de poulet en lanières en diagonale dans le sens du grain. Saupoudrer de sel et recouvrir de semoule de maïs. Faites chauffer 10 ml/2 cuillères à café d'huile dans un wok, remuez et versez. Répétez encore une fois. Faites chauffer le reste de l'huile et faites revenir le poulet et le piment pendant 1 minute. Ajoutez le lait de coco et portez à ébullition. Ajoutez le zeste de citron et laissez mijoter 5 minutes. Ajouter le litchi, assaisonner de muscade, saler et poivrer et servir garni de citronnelle.

*Soupe aux palourdes*

pour 4 personnes

*2 champignons chinois séchés*
*12 palourdes trempées et lavées*
*1,5 l / 2½ pt / 6 tasses de soupe au poulet*
*50 g de pousses de bambou hachées*
*50 g de pois mange-tout, coupés en deux*
*2 oignons nouveaux (oignons), tranchés*
*15 ml/1 cuillère à soupe de vin de riz ou de xérès sec*
*poudre de poivre fraîchement moulu*

Faites tremper les champignons dans l'eau tiède pendant 30 minutes, puis égouttez-les. Retirez les tiges et coupez le dessus en deux. Faites cuire les coquilles à la vapeur pendant environ 5 minutes, jusqu'à ce qu'elles s'ouvrent. jetez ceux qui restent fermés. Retirez les palourdes de la coquille. Portez le bouillon à ébullition, ajoutez les champignons, les pousses de bambou, les pois mange-tout et les oignons nouveaux. Faire bouillir à découvert pendant 2 minutes. Ajouter les palourdes, le vin ou le xérès, assaisonner de poivre et cuire jusqu'à ce qu'ils soient bien cuits.

*Soupe aux œufs*

pour 4 personnes

*1,2 L / 2 points / 5 tasses de soupe au poulet*
*3 oeufs battus*
*45 ml/3 cuillères à soupe de sauce soja*
*sel et poivre fraîchement moulu*
*4 oignons nouveaux (oignons), tranchés*

Portez le bouillon à ébullition. Ajoutez les œufs battus petit à petit pour qu'ils deviennent filandreux. Ajoutez la sauce soja, salez et poivrez au goût. Il est servi garni de ciboulette.

*Bâtonnets de crabe et palourdes*

*pour 4 personnes*

*4 champignons chinois séchés*

*15 ml/1 cuillère à soupe d'huile d'arachide*

*1 oeuf battu*

*1,5 l / 2½ pt / 6 tasses de soupe au poulet*

*175 g de chair de crabe, émiettée*

*100 g de Saint-Jacques décortiquées, coupées en tranches*

*100 g / 4 oz de pousses de bambou, tranchées*

*2 échalotes (ternes), hachées finement*

*1 tranche de racine de gingembre, hachée*

*quelques crevettes bouillies et nettoyées (facultatif)*

*45 ml / 3 cuillères à soupe de farine de maïs (amidon de maïs)*

*90 ml/6 cuillères à soupe d'eau*

*30 ml/2 cuillères à soupe de vin de riz ou de xérès sec*

*20 ml/4 cuillères à café de sauce soja*

*2 blancs d'œufs*

Faites tremper les champignons dans l'eau tiède pendant 30 minutes, puis égouttez-les. Retirez les tiges et coupez finement le dessus. Faites chauffer l'huile, ajoutez l'œuf et inclinez la poêle pour que l'œuf recouvre le fond. cuire jusque-là éteignez-le, puis retournez-le et faites cuire également l'autre côté. Démoulez, roulez et coupez en fines lanières.

Portez le bouillon à ébullition, ajoutez les champignons, les lanières d'œufs, la chair de crabe, les palourdes, les pousses de bambou, l'oignon, le gingembre et les crevettes, le cas échéant. Faisons-le bouillir à nouveau. Mélangez la semoule de maïs avec 60 ml/4 cuillères à soupe d'eau, le vin ou le xérès et la sauce soja et ajoutez-la à la soupe. Cuire à feu doux en remuant jusqu'à ce que la soupe épaississe. Fouettez les protéines avec le reste d'eau et versez-les lentement dans la soupe en remuant vigoureusement.

*soupe de crabe*

pour 4 personnes

*90 ml/6 cuillères à soupe d'huile d'arachide*
*3 oignons finement hachés*
*225 g / 8 oz de chair de crabe blanche et brune*
*1 tranche de racine de gingembre, hachée*
*1,2 L / 2 points / 5 tasses de soupe au poulet*
*150 ml / ¼ pt / tasse de vin de riz ou de xérès sec*
*45 ml/3 cuillères à soupe de sauce soja*
*sel et poivre fraîchement moulu*

Faites chauffer l'huile et faites revenir l'oignon jusqu'à ce qu'il ramollisse mais ne devienne pas doré. Ajoutez la chair de crabe et le gingembre et faites revenir 5 minutes. Ajoutez le bouillon, le vin ou le xérès et la sauce soja, puis assaisonnez de sel et de poivre. Portez à ébullition, puis laissez mijoter 5 minutes.

*Soupe de poisson*

pour 4 personnes

*8 oz / 225 g de filets de poisson*
*1 tranche de racine de gingembre, hachée*
*15 ml/1 cuillère à soupe de vin de riz ou de xérès sec*
*30 ml/2 cuillères à soupe d'huile d'arachide*
*1,5 l / 2½ pt / 6 tasses de soupe de poisson*

Coupez le poisson en lanières plus fines que les yeux. Mélangez le gingembre, le vin ou le xérès et l'huile, ajoutez le poisson et mélangez délicatement. Laissez-les macérer 30 minutes en les retournant de temps en temps. Portez le bouillon à ébullition, ajoutez le poisson et laissez bouillir 3 minutes.

*Soupe de poisson et salade*

pour 4 personnes

*225 g / 8 oz de filets de poisson blanc*
*30 ml / 2 cuillères à soupe de farine nature (tout usage)*
*sel et poivre fraîchement moulu*
*90 ml/6 cuillères à soupe d'huile d'arachide*
*6 oignons nouveaux (oignons), tranchés*
*100 g de laitue hachée*
*1,2 l/2 points/5 tasses d'eau*
*10 ml / 2 cuillères à café de racine de gingembre finement hachée*
*150 ml/¼ pt/½ tasse généreuse de vin de riz ou de xérès sec*
*30 ml / 2 cuillères à soupe de farine de maïs (amidon de maïs)*
*30 ml/2 cuillères à soupe de persil frais haché*
*10 ml/2 cuillères à café de jus de citron*
*30 ml/2 cuillères à soupe de sauce soja*

Coupez le poisson en fines lanières, puis ajoutez la farine assaisonnée. Faites chauffer l'huile et faites revenir l'oignon nouveau jusqu'à ce qu'il soit tendre. Ajouter la salade et faire revenir 2 minutes. Ajouter le poisson et cuire 4 minutes. Ajouter l'eau, le gingembre et le vin ou le xérès, porter à ébullition, couvrir et laisser mijoter 5 minutes. Mélangez la semoule de maïs avec un peu d'eau, puis ajoutez-la à la soupe. Cuire en remuant encore 4 minutes jusqu'à ce que la soupe soit prête

rincer, puis assaisonner de sel et de poivre. Il est servi saupoudré de persil, de jus de citron et de sauce soja.

*Soupe de boulettes au gingembre*

pour 4 personnes

*Racine de gingembre râpée 5 cm*
*350 g de cassonade*
*1,5 l / 2½ pt / 7 tasses d'eau*
*225 g / 8 oz / 2 tasses de farine de riz*
*2,5 ml / ½ cuillère à café de sel*
*60 ml / 4 cuillères à soupe d'eau*

Mettez le gingembre, le sucre et l'eau dans une casserole et portez à ébullition en remuant. Couvrir et laisser mijoter environ 20 minutes. Filtrez la soupe et remettez-la dans la poêle.

Pendant ce temps, mettez la farine et le sel dans un bol, puis mélangez progressivement avec suffisamment d'eau pour obtenir une pâte épaisse. Formez des petites boules et déposez-les dans la soupe. Portez la soupe à ébullition, couvrez et laissez mijoter encore 6 minutes jusqu'à ce que les raviolis soient cuits.

*soupe aigre-piquante*

pour 4 personnes

*8 champignons chinois séchés*
*1 L / 1¾ pt / 4¼ tasses de bouillon de poulet*
*100 g de poulet coupé en lanières*
*100 g de pousses de bambou coupées en lanières*
*100 g de tofu coupé en lanières*
*15 ml/1 cuillère à soupe de sauce soja*
*30 ml/2 cuillères à soupe de vinaigre de vin*
*30 ml / 2 cuillères à soupe de farine de maïs (amidon de maïs)*
*2 oeufs battus*
*quelques gouttes d'huile de sésame*

Faites tremper les champignons dans l'eau tiède pendant 30 minutes, puis égouttez-les. Retirez les tiges et coupez le dessus en lanières. Portez à ébullition les champignons, le bouillon, le poulet, les pousses de bambou et le tofu, couvrez et laissez mijoter 10 minutes. Mélangez la sauce soja, le vinaigre de vin et la maïzena jusqu'à consistance lisse, ajoutez-les à la soupe et laissez mijoter pendant 2 minutes jusqu'à ce que la soupe soit claire. Ajoutez lentement l'œuf et l'huile de sésame en mélangeant avec un cure-dent. Couvrir et laisser reposer 2 minutes avant de servir.

*Soupe aux champignons*

pour 4 personnes

*15 champignons chinois séchés*
*1,5 l / 2½ pt / 6 tasses de soupe au poulet*
*5 ml/1 cuillère à café de sel*

Faire tremper les champignons dans l'eau tiède pendant 30 minutes, puis égoutter et réserver le liquide. Retirez les tiges et coupez le dessus en deux si elles sont grosses et placez-les dans un grand bol résistant à la chaleur. Placez le plat sur une grille dans le four vapeur. Portez le bouillon à ébullition, versez-le sur les champignons, couvrez et faites cuire dans l'eau bouillante pendant 1 heure. Ajoutez du sel au goût et servez.

*Soupe aux champignons et aux choux*

pour 4 personnes

*25 g / 1 oz de champignons chinois séchés*
*15 ml/1 cuillère à soupe d'huile d'arachide*
*50 g de feuilles de Chine râpées*
*15 ml/1 cuillère à soupe de vin de riz ou de xérès sec*
*15 ml/1 cuillère à soupe de sauce soja*
*1,2 L / 2 points / 5 tasses de soupe au poulet ou aux légumes*
*sel et poivre fraîchement moulu*
*5 ml/1 cuillère à café d'huile de sésame*

Faites tremper les champignons dans l'eau tiède pendant 30 minutes, puis égouttez-les. Retirez les tiges et coupez le dessus. Faites chauffer l'huile et faites revenir les champignons et les feuilles chinoises pendant 2 minutes jusqu'à ce qu'ils soient bien enrobés. Ajoutez le vin ou le xérès et la sauce soja, puis ajoutez le bouillon. Portez à ébullition, salez et poivrez selon votre goût et laissez cuire 5 minutes. Arroser d'huile de sésame avant de servir.

*Soupe aux œufs et aux champignons*

pour 4 personnes

*1 L / 1¾ pt / 4¼ tasses de bouillon de poulet*
*30 ml / 2 cuillères à soupe de farine de maïs (amidon de maïs)*
*100 g/4 oz de champignons, tranchés*
*1 tranche d'oignon rouge, finement haché*
*pincée de sel*
*3 gouttes d'huile de sésame*
*2,5 ml/½ cuillère à café de sauce soja*
*1 oeuf battu*

Mélangez un peu de bouillon avec la fécule de maïs, puis mélangez tous les ingrédients sauf l'œuf. Portez à ébullition, couvrez et laissez cuire à feu doux pendant 5 minutes. Ajoutez l'œuf, mélangez avec un cure-dent pour que l'œuf forme des ficelles. Retirez-le du feu et laissez-le reposer 2 minutes avant de servir.

*Soupe de marrons aux champignons et eau*

pour 4 personnes

1 l / 1¾ pt / 4¼ tasses de bouillon de légumes ou d'eau

2 oignons finement hachés

5 ml / 1 cuillère à café de vin de riz ou de xérès sec

30 ml/2 cuillères à soupe de sauce soja

225 g de champignons

100 g de châtaignes d'eau tranchées

100 g / 4 oz de pousses de bambou, tranchées

quelques gouttes d'huile de sésame

2 feuilles de laitue, coupées en dés

2 oignons nouveaux (oignons), coupés en dés

Portez à ébullition l'eau, l'oignon, le vin ou le xérès et la sauce soja, couvrez et laissez mijoter 10 minutes. Ajoutez les champignons, les châtaignes d'eau et les pousses de bambou, couvrez et laissez mijoter 5 minutes. Ajouter l'huile de sésame, les feuilles de laitue et l'oignon nouveau, retirer du feu, couvrir et laisser reposer 1 minute avant de servir.

*Soupe de porc et champignons*

pour 4 personnes

*60 ml/4 cuillères à soupe d'huile d'arachide*
*1 gousse d'ail écrasée*
*2 oignons finement hachés*
*225 g / 8 oz de porc maigre, coupé en lanières*
*1 branche de céleri, hachée*
*50 g/2 oz de champignons, tranchés*
*2 carottes tranchées*
*1,2 l / 2 points / 5 tasses de bouillon de bœuf*
*15 ml/1 cuillère à soupe de sauce soja*
*sel et poivre fraîchement moulu*
*15 ml / 1 cuillère à soupe de farine de maïs (amidon de maïs)*

Faites chauffer l'huile et faites revenir l'ail, l'oignon et le porc jusqu'à ce que l'oignon soit tendre et légèrement doré. Ajoutez le céleri, les champignons et les carottes, couvrez et laissez cuire 10 minutes. Portez le bouillon à ébullition, puis versez-le dans la casserole avec la sauce soja et assaisonnez de sel et de poivre. Mélangez la semoule de maïs avec un peu d'eau, puis ajoutez-la dans la poêle et faites cuire à feu doux en remuant pendant environ 5 minutes.

*Soupe de porc et cresson*

pour 4 personnes

*1,5 l / 2½ pt / 6 tasses de soupe au poulet*
*100 g de porc maigre, coupé en lanières*
*3 branches de céleri, coupées en diagonale*
*2 échalotes (oignon), tranchées*
*1 botte de cresson*
*5 ml/1 cuillère à café de sel*

Portez le bouillon à ébullition, ajoutez le porc et le céleri, couvrez et laissez mijoter 15 minutes. Ajoutez la ciboulette, le cresson et le sel et laissez cuire à feu doux sans couvercle pendant environ 4 minutes.

*soupe de porc et concombre*

pour 4 personnes

*100 g de porc maigre, tranché finement*
*5 ml / 1 cuillère à café de farine de maïs (amidon de maïs)*
*15 ml/1 cuillère à soupe de sauce soja*
*15 ml/1 cuillère à soupe de vin de riz ou de xérès sec*
*1 concombre*
*1,5 l / 2½ pt / 6 tasses de soupe au poulet*
*5 ml/1 cuillère à café de sel*

Incorporer le porc, l'huile, la sauce soja et le vin ou le xérès. Remuer pour enrober le porc. Épluchez le concombre et coupez-le en deux dans le sens de la longueur, puis retirez les graines. Couper en tranches épaisses. Portez le bouillon à ébullition, ajoutez le porc, couvrez et laissez mijoter 10 minutes. Ajouter le concombre et faire revenir quelques minutes jusqu'à ce qu'il soit translucide. Si nécessaire, ajoutez du sel et un peu plus de sauce soja.

*Soupe aux boulettes de porc et nouilles*

pour 4 personnes

*50 g de nouilles de riz*

*225 g de porc haché (haché)*

*5 ml / 1 cuillère à café de farine de maïs (amidon de maïs)*

*2,5 ml / ½ cuillère à café de sel*

*30 ml/2 cuillères à soupe d'eau*

*1,5 l / 2½ pt / 6 tasses de soupe au poulet*

*1 oignon nouveau (oignon), finement haché*

*5 ml/1 cuillère à café de sauce soja*

Faites tremper le mélange dans l'eau froide jusqu'à obtenir des boulettes de viande. Mélangez le porc, la fécule de maïs, un peu de sel et d'eau et formez des boules de la taille d'une noix. Faites bouillir une casserole d'eau, ajoutez les boulettes de porc, couvrez et laissez cuire 5 minutes. Bien égoutter et égoutter les pâtes. Portez le bouillon à ébullition, ajoutez les boulettes de viande et les pâtes, couvrez et laissez mijoter 5 minutes. Ajoutez l'oignon, la sauce soja et le reste du sel et laissez cuire encore 2 minutes.

*Soupe aux épinards et au tofu*

pour 4 personnes

*1,2 L / 2 points / 5 tasses de soupe au poulet*

*200 g de tomates en conserve, égouttées et hachées*

*225 g de tofu coupé en dés*

*225 g d'épinards hachés*

*30 ml/2 cuillères à soupe de sauce soja*

*5 ml/1 cuillère à café de cassonade*

*sel et poivre fraîchement moulu*

Portez le bouillon à ébullition, puis ajoutez les tomates, le tofu et les épinards et remuez délicatement. Portez à nouveau à ébullition et laissez mijoter 5 minutes. Ajoutez la sauce soja et le sucre et assaisonnez avec du sel et du poivre au goût. Faire bouillir 1 minute avant de servir.

*Soupe de maïs sucré et crabe*

pour 4 personnes

*1,2 L / 2 points / 5 tasses de soupe au poulet*

*200 g de maïs sucré*

*sel et poivre fraîchement moulu*

*1 oeuf battu*

*200 g de chair de crabe, émiettée*

*3 échalotes finement hachées*

Portez le bouillon à ébullition, ajoutez le maïs sucré assaisonné de sel et de poivre. Cuire à feu doux pendant 5 minutes. Juste avant de servir, battez les œufs à la fourchette et fouettez-les sur la soupe. Il est servi saupoudré de chair de crabe et d'échalotes hachées.

*Soupe du Sichuan*

pour 4 personnes

*4 champignons chinois séchés*
*1,5 l / 2½ pt / 6 tasses de soupe au poulet*
*75 ml/5 cuillères à soupe de vin blanc sec*
*15 ml/1 cuillère à soupe de sauce soja*
*2,5 ml/½ cuillère à café de sauce chili*
*30 ml / 2 cuillères à soupe de farine de maïs (amidon de maïs)*
*60 ml/4 cuillères à soupe d'eau*
*100 g de porc maigre, coupé en lanières*
*50 g de jambon cuit coupé en lanières*
*1 poivron rouge coupé en lanières*
*50 g de châtaignes d'eau coupées en tranches*
*10 ml/2 cuillères à café de vinaigre de vin*
*5 ml/1 cuillère à café d'huile de sésame*
*1 oeuf battu*
*100 g de crevettes décortiquées*
*6 oignons nouveaux (oignons), finement hachés*
*175 g de tofu, coupé en dés*

Faites tremper les champignons dans l'eau tiède pendant 30 minutes, puis égouttez-les. Retirez les tiges et coupez le dessus. Apportez le bouillon, le vin, le soja

porter à ébullition la salsa et la sauce chili, couvrir et laisser mijoter pendant 5 minutes. Mélangez la semoule de maïs avec la moitié de l'eau et ajoutez-la à la soupe en remuant jusqu'à ce que la soupe épaississe. Ajoutez les champignons, le porc, le jambon, le poivre et les châtaignes d'eau et laissez mijoter 5 minutes. Ajoutez le vinaigre de vin et l'huile de sésame. Battez l'œuf avec le reste d'eau et versez-le dans la soupe en remuant vigoureusement. Ajouter les crevettes, l'oignon et le tofu et faire revenir quelques minutes pour bien réchauffer.

*soupe au tofu*

pour 4 personnes

*1,5 l / 2½ pt / 6 tasses de soupe au poulet*

*225 g de tofu coupé en dés*

*5 ml/1 cuillère à café de sel*

*5 ml/1 cuillère à café de sauce soja*

Portez le bouillon à ébullition et ajoutez le tofu, le sel et la sauce soja. Laisser mijoter quelques minutes jusqu'à ce que le tofu soit chaud.

*Soupe de tofu et poisson*

pour 4 personnes

*225 g de filets de poisson blanc coupés en lanières*
*150 ml/¼ pt/½ tasse généreuse de vin de riz ou de xérès sec*
*10 ml / 2 cuillères à café de racine de gingembre finement hachée*
*45 ml/3 cuillères à soupe de sauce soja*
*2,5 ml / ½ cuillère à café de sel*
*60 ml/4 cuillères à soupe d'huile d'arachide*
*2 oignons finement hachés*
*100 g/4 oz de champignons, tranchés*
*1,2 L / 2 points / 5 tasses de soupe au poulet*
*100 g de tofu, coupé en dés*
*sel et poivre fraîchement moulu*

Placez le poisson dans un bol. Incorporer le vin ou le xérès, le gingembre, la sauce soja et le sel et verser sur le poisson. Laisser macérer 30 minutes. Faites chauffer l'huile et faites revenir l'oignon pendant 2 minutes. Ajouter les champignons et poursuivre la cuisson jusqu'à ce que l'oignon soit tendre mais pas doré. Ajouter le poisson et la marinade, porter à ébullition, couvrir et laisser mijoter 5 minutes. Ajouter le bouillon, porter à ébullition, couvrir et laisser mijoter 15 minutes. Ajouter le tofu et assaisonner de sel et de poivre au goût. Cuire à feu doux jusqu'à ce que le tofu soit cuit.

*Soupe à la tomate*

pour 4 personnes

*400 g de tomates égouttées et hachées*
*1,2 L / 2 points / 5 tasses de soupe au poulet*
*1 tranche de racine de gingembre, hachée*
*15 ml/1 cuillère à soupe de sauce soja*
*15 ml/1 cuillère à soupe de sauce chili*
*10 ml/2 cuillères à café de sucre*

Mettez tous les ingrédients dans une casserole et portez à ébullition lentement en remuant de temps en temps. Faire bouillir environ 10 minutes avant de servir.

*Soupe de tomates et épinards*

pour 4 personnes

*1,2 L / 2 points / 5 tasses de soupe au poulet*

*225 g de tomates en conserve coupées en dés*

*225 g de tofu coupé en dés*

*225 g d'épinards*

*30 ml/2 cuillères à soupe de sauce soja*

*sel et poivre fraîchement moulu*

*2,5 ml/½ cuillère à café de sucre*

*2,5 ml/½ cuillère à café de vin de riz ou de xérès sec*

Portez le bouillon à ébullition, puis ajoutez les tomates, le tofu et les épinards et laissez mijoter 2 minutes. Ajoutez le reste des ingrédients, faites bouillir 2 minutes, puis mélangez bien et servez.

*soupe de navet*

pour 4 personnes

*1 L / 1¾ pt / 4¼ tasses de bouillon de poulet*

*1 gros navet, tranché finement*

*200 g de porc maigre, tranché finement*

*15 ml/1 cuillère à soupe de sauce soja*

*60 ml / 4 cuillères à soupe de cognac*

*sel et poivre fraîchement moulu*

*4 échalotes, hachées finement*

Portez le bouillon à ébullition, ajoutez les navets et le porc, couvrez et laissez mijoter 20 minutes, jusqu'à ce que les navets soient tendres et la viande tendre. Ajouter la sauce soja et assaisonner avec du cognac au goût. Faire bouillir chaud, parsemé d'échalotes, jusqu'au moment de servir.

*Potage*

pour 4 personnes

*6 champignons chinois séchés*
*1 l / 1¾ pt / 4¼ tasses de bouillon de légumes*
*50 g de pousses de bambou coupées en lanières*
*50 g de châtaignes d'eau coupées en tranches*
*8 pois mange-tout, tranchés*
*5 ml/1 cuillère à café de sauce soja*

Faites tremper les champignons dans l'eau tiède pendant 30 minutes, puis égouttez-les. Retirez les tiges et coupez le dessus en lanières. Ajoutez-le à la soupe aux pousses de bambou et aux châtaignes d'eau, puis portez à ébullition, couvrez et laissez cuire 10 minutes. Ajoutez les pois mange-tout et la sauce soja, couvrez et laissez cuire 2 minutes. Laisser reposer 2 minutes avant de servir.

*soupe végétarienne*

pour 4 personnes

*¼ de chou blanc*

*2 carottes*

*3 branches de céleri*

*2 oignons nouveaux (oignons)*

*30 ml/2 cuillères à soupe d'huile d'arachide*

*1,5 l / 2½ pt / 6 tasses d'eau*

*15 ml/1 cuillère à soupe de sauce soja*

*15 ml/1 cuillère à soupe de vin de riz ou de xérès sec*

*5 ml/1 cuillère à café de sel*

*poivre fraîchement moulu*

Coupez les légumes en lanières. Faites chauffer l'huile et faites revenir les légumes pendant 2 minutes jusqu'à ce qu'ils commencent à ramollir. Ajouter le reste des ingrédients, porter à ébullition, couvrir et laisser mijoter 15 minutes.

*soupe au raifort*

pour 4 personnes

*1 L / 1¾ pt / 4¼ tasses de bouillon de poulet*

*1 oignon finement haché*

*1 branche de céleri, hachée*

*225 g de cresson haché*

*sel et poivre fraîchement moulu*

Portez à ébullition le bouillon, l'oignon et le céleri, couvrez et laissez mijoter 15 minutes. Ajoutez le cresson, couvrez et laissez mijoter 5 minutes. Assaisonnez avec du sel et du poivre.

*Poisson frit aux légumes*

pour 4 personnes

4 champignons chinois séchés

4 poissons entiers, nettoyés et écaillés

huile de cuisine

30 ml / 2 cuillères à soupe de farine de maïs (amidon de maïs)

45 ml / 3 cuillères à soupe d'huile d'arachide (cacahuètes)

100 g de pousses de bambou coupées en lanières

50 g de châtaignes d'eau coupées en lamelles

50 g de bok choy haché

2 tranches de racine de gingembre, hachées

30 ml/2 cuillères à soupe de vin de riz ou de xérès sec

30 ml/2 cuillères à soupe d'eau

15 ml/1 cuillère à soupe de sauce soja

5 ml/1 cuillère à café de sucre

120 ml / 4 fl oz / ¬Ω tasse de jus de poisson

sel et poivre fraîchement moulu

¬Ω têtes de laitue hachées

15 ml / 1 cuillère à soupe de persil plat haché

Faites tremper les champignons dans l'eau tiède pendant 30 minutes, puis égouttez-les. Retirez les tiges et coupez le dessus. Couper le poisson en deux

farine de maïs et secouez l'excédent. Faites chauffer l'huile et faites frire le poisson pendant environ 12 minutes jusqu'à ce qu'il soit cuit. Égoutter sur du papier absorbant et réserver au chaud.

Faites chauffer l'huile et faites revenir les champignons, les pousses de bambou, les châtaignes d'eau et le chou pendant 3 minutes. Ajoutez le gingembre, le vin ou le xérès, 15 ml/1 cuillère à soupe d'eau, la sauce soja et le sucre et laissez cuire 1 minute. Ajouter le bouillon, saler et poivrer, porter à ébullition, couvrir et laisser mijoter 3 minutes. Mélangez la semoule de maïs avec le reste d'eau, ajoutez-la dans la casserole et faites cuire à feu doux en remuant jusqu'à ce que la sauce épaississe. Disposez la salade sur une assiette de service et déposez le poisson dessus. Verser sur les légumes et la sauce et servir garni de persil.

*Poisson frit entier*

pour 4 personnes

*1 grosse perche ou poisson similaire*
*45 ml / 3 cuillères à soupe de farine de maïs (amidon de maïs)*
*45 ml / 3 cuillères à soupe d'huile d'arachide (cacahuètes)*
*1 oignon finement haché*
*2 gousses d'ail émincées*
*50 g de jambon coupé en lanières*
*100 g de crevettes décortiquées*
*15 ml/1 cuillère à soupe de sauce soja*
*15 ml/1 cuillère à soupe de vin de riz ou de xérès sec*
*5 ml/1 cuillère à café de sucre*
*5 ml/1 cuillère à café de sel*

Enrober le poisson de semoule de maïs. Faites chauffer l'huile et faites revenir l'oignon et l'ail jusqu'à ce qu'ils soient légèrement dorés. Ajouter le poisson et faire revenir jusqu'à ce qu'il soit doré des deux côtés. Transférer le poisson sur une feuille de papier d'aluminium dans une poêle et recouvrir de jambon et de crevettes. Ajoutez la sauce soja, le vin ou le xérès, le sucre et le sel dans la poêle et mélangez bien. Verser sur le poisson, couvrir de papier aluminium et cuire au four préchauffé à 150°C/niveau 2 pendant 20 minutes.

*graines de soja cuites à la vapeur dessus*

pour 4 personnes

*1 grosse perche ou poisson similaire*
*sel*
*50 g / 2 oz / ¬Ω tasse de farine nature (tout usage)*
*60 ml/4 cuillères à soupe d'huile d'arachide*
*3 tranches de racine de gingembre, hachées*
*3 échalotes (pelées), hachées finement*
*250 ml / 8 fl oz / 1 tasse d'eau*
*45 ml/3 cuillères à soupe de sauce soja*
*15 ml/1 cuillère à soupe de vin de riz ou de xérès sec*
*2,5 ml/¬Ω cuillère à café de sucre*

Nettoyez et lavez le poisson et placez-le en diagonale des deux côtés. Saupoudrer de sel et laisser reposer 10 minutes. Faites chauffer l'huile et faites frire le poisson jusqu'à ce qu'il soit doré des deux côtés, en le retournant une fois et en l'arrosant d'huile pendant la friture. Ajouter le gingembre, l'oignon nouveau, l'eau, la sauce soja, le vin ou le xérès et le sucre, porter à ébullition, couvrir et laisser mijoter 20 minutes jusqu'à ce que le poisson soit tendre. Servir chaud ou froid.

*Poisson de soja à la sauce d'huîtres*

pour 4 personnes

*1 grosse perche ou poisson similaire*

*sel*

*60 ml/4 cuillères à soupe d'huile d'arachide*

*3 échalotes (pelées), hachées finement*

*2 tranches de racine de gingembre, hachées*

*1 gousse d'ail écrasée*

*45 ml/3 cuillères à soupe de sauce aux huîtres*

*30 ml/2 cuillères à soupe de sauce soja*

*5 ml/1 cuillère à café de sucre*

*250 ml / 8 fl oz / 1 tasse de bouillon de poisson*

Le poisson est nettoyé, calibré et entaillé plusieurs fois en diagonale des deux côtés. Saupoudrer de sel et laisser reposer 10 minutes. Faites chauffer la majeure partie de l'huile et faites frire le poisson jusqu'à ce qu'il soit doré des deux côtés, en le retournant une fois. Pendant ce temps, faites chauffer le reste de l'huile dans une poêle à part et faites revenir doucement les oignons verts, le gingembre et l'ail. Ajoutez la sauce d'huîtres, la sauce soja et le sucre et faites revenir 1 minute. Ajouter le bouillon et porter à ébullition. Versez le mélange sur le poisson frit, portez à ébullition, couvrez et laissez cuire env.

15 minutes jusqu'à ce que le poisson soit cuit, en le retournant une à deux fois pendant la cuisson.

*sous la vapeur*

pour 4 personnes

*1 grosse perche ou poisson similaire*
*2,25 l / 4 points / 10 tasses d'eau*
*3 tranches de racine de gingembre, hachées*
*15 ml/1 cuillère à soupe de sel*
*15 ml/1 cuillère à soupe de vin de riz ou de xérès sec*
*30 ml/2 cuillères à soupe d'huile d'arachide*

Nettoyez et lavez le poisson et faites plusieurs coupes en diagonale des deux côtés. Portez l'eau à ébullition dans une grande casserole et ajoutez le reste des ingrédients. Plongez le poisson dans l'eau, couvrez bien, éteignez le feu et laissez reposer 30 minutes jusqu'à ce que le poisson soit tendre.

*Poisson vapeur aux champignons*

pour 4 personnes

4 champignons chinois séchés

1 grosse carpe ou poisson similaire

sel

45 ml / 3 cuillères à soupe d'huile d'arachide (cacahuètes)

2 échalotes (ternes), hachées finement

1 tranche de racine de gingembre, hachée

3 gousses d'ail, émincées

100 g de pousses de bambou coupées en lanières

250 ml / 8 fl oz / 1 tasse de bouillon de poisson

30 ml/2 cuillères à soupe de sauce soja

15 ml/1 cuillère à soupe de vin de riz ou de xérès sec

2,5 ml/¬Ω cuillère à café de sucre

Faites tremper les champignons dans l'eau tiède pendant 30 minutes, puis égouttez-les. Retirez les tiges et coupez le dessus. Coupez plusieurs fois les deux côtés du poisson en diagonale, saupoudrez de sel et laissez reposer 10 minutes. Faites chauffer l'huile et faites frire le poisson jusqu'à ce qu'il soit légèrement doré des deux côtés. Ajoutez l'oignon nouveau, le gingembre et l'ail et faites revenir pendant 2 minutes. Ajouter le reste des ingrédients, porter à ébullition, couvrir

et laissez cuire 15 minutes jusqu'à ce que le poisson soit cuit, en le retournant une ou deux fois et en remuant de temps en temps.

*Poisson aigre-doux*

pour 4 personnes

*1 grosse perche ou poisson similaire*
*1 oeuf battu*
*50 g de farine de maïs (amidon de maïs)*
*Huile de friture*

Pour la sauce :

*15 ml/1 cuillère à soupe d'huile d'arachide*
*1 poivron vert coupé en lanières*
*100 g de morceaux d'ananas confits au sirop*
*1 oignon, coupé en rondelles*
*100 g / 4 oz / ¬Ω tasse de cassonade*
*60 ml/4 cuillères à soupe de bouillon de poulet*
*60 ml/4 cuillères à soupe de vinaigre de vin*
*15 ml / 1 cuillère à soupe de concentré de tomate (concentré)*
*15 ml / 1 cuillère à soupe de farine de maïs (amidon de maïs)*
*15 ml/1 cuillère à soupe de sauce soja*
*3 échalotes (pelées), hachées finement*

Nettoyez le poisson et retirez les nageoires et la tête si nécessaire. Badigeonner avec l'œuf battu puis avec le babeurre. Faites chauffer l'huile et faites bien revenir le poisson. Bien égoutter et réserver au chaud.

Pour préparer la sauce, faites chauffer l'huile et faites revenir les poivrons, l'ananas et l'oignon égouttés pendant 4 minutes. Ajouter 2 cuillères à soupe/30 ml de sirop d'ananas, le sucre, le bouillon, le vinaigre de vin, le concentré de tomate, la fécule de maïs et la sauce soja, puis porter à ébullition en remuant. Cuire à feu doux en remuant jusqu'à ce que la sauce soit diluée et épaissie. Verser sur le poisson et servir parsemé de ciboulette.

*Poisson farci au porc*

pour 4 personnes

*1 grosse carpe ou poisson similaire*

*sel*

*100 g de porc haché (émincé)*

*1 oignon nouveau (oignon), finement haché*

*4 tranches de racine de gingembre, hachées*

*15 ml / 1 cuillère à soupe de farine de maïs (amidon de maïs)*

*60 ml/4 cuillères à soupe de sauce soja*

*15 ml/1 cuillère à soupe de vin de riz ou de xérès sec*

*5 ml/1 cuillère à café de sucre*

*75 ml / 5 cuillères à soupe d'huile d'arachide (cacahuètes)*

*2 gousses d'ail émincées*

*1 oignon tranché*

*300 ml / ¬Ω pt / 1¬° tasse d'eau*

Le poisson est nettoyé, écaillé et saupoudré de sel. Mélangez le porc, les oignons nouveaux, un peu de gingembre, la fécule de maïs, 15 ml/1 cuillère à soupe de sauce soja, le vin ou le xérès et le sucre et farcissez le poisson. Faites chauffer l'huile et faites frire le poisson jusqu'à ce qu'il soit légèrement doré des deux côtés, puis retirez-le de la poêle et égouttez la majeure partie de l'huile. Ajouter le reste de l'ail et du gingembre et faire revenir jusqu'à ce qu'ils soient légèrement dorés.

Ajouter le reste de sauce soja et l'eau, porter à ébullition et laisser mijoter 2 minutes. Remettez le poisson dans la poêle, couvrez et laissez mijoter environ 30 minutes jusqu'à ce que le poisson soit bien cuit, en le retournant une ou deux fois.

*carpe épicée cuite à la vapeur*

pour 4 personnes

*1 grosse carpe ou poisson similaire*
*150 ml / ¬° pt / ¬Ω tasse généreuse d'huile d'arachide*
*15 ml/1 cuillère à soupe de sucre*
*2 gousses d'ail, hachées finement*
*100 g / 4 oz de pousses de bambou, tranchées*
*150 ml / ¬° pt / ¬Ω généreuse tasse de soupe de poisson*
*15 ml/1 cuillère à soupe de vin de riz ou de xérès sec*
*15 ml/1 cuillère à soupe de sauce soja*
*2 échalotes (ternes), hachées finement*
*1 tranche de racine de gingembre, hachée*
*15 ml/1 cuillère à soupe de sel de vinaigre de vin*

Le poisson est nettoyé, écaillé et trempé dans l'eau froide pendant plusieurs heures. Égouttez et séchez, puis faites plusieurs entailles des deux côtés. Faites chauffer l'huile et faites frire le poisson des deux côtés. Retirer de la poêle, verser et réserver tout sauf 30 ml/2 cuillères à soupe d'huile. Ajoutez le sucre dans la casserole et remuez jusqu'à ce qu'il soit foncé. Ajoutez l'ail et les pousses de bambou et mélangez bien. Ajoutez le reste des ingrédients, portez à ébullition, puis remettez le poisson dans la casserole, couvrez et laissez mijoter environ 15 minutes, jusqu'à ce que le poisson soit cuit.

Disposez le poisson sur une assiette chauffée et versez la sauce dessus.

www.ingramcontent.com/pod-product-compliance
Lightning Source LLC
Chambersburg PA
CBHW071334110526
44591CB00010B/1142